SOTHIS PRESS

Sothis Press aims to completely reimagine the public domain book with an emphasis on universal access to captivatingly designed print editions. We believe that technology will enable every single book ever published to be perpetually accessible in beautiful print form. Sothis is beauty in ubiquity.

Printed and bound by CPI Group (UK) Ltd,
Croydon, CR0 4YY

www.sothis.press
1 Waterhouse Square, London, EC1N 2ST

Le Déclin de l'Europe

Albert Demangeon

SOTHIS PRESS

ISBN 978-1-0365-0162-4

Le Déclin de l'Europe
is in the public domain.

This edition is published by
Sothis Press © 2023. The company
is registered in England and Wales.
The Company Number is 14900389.

A. DEMANGEON

MAÎTRE DE CONFÉRENCES DE GÉOGRAPHIE A LA SORBONNE

LE

ÉCLIN DE L'EUROP

PAYOT & CIE, PARIS

106, BOULEVARD SAINT-GERMAIN

TABLE DES MATIÈRES

CHAPITRE III

CHAPITRE IV

CHAPITRE V

CHAPITRE VI

INTRODUCTION

La guerre aura sans doute amené l'humanité à détester davantage la guerre ; elle aura peut-être préparé la Société des Nations.

Mais elle aura certainement démontré avec force le rôle des facteurs économiques dans la vie du monde et que ce qui mène d'abord les hommes, c'est la sécurité des moyens de vivre, la conquête du bien-être matériel et le souci du pain quotidien. La recherche du progrès économique se place en tête des aspirations des peuples. On croit toujours que le moyen d'être heureux est de posséder la force économique.

Par elle-même, la guerre aura précipité l'univers entier dans cette course à la fortune. Elle a tant détruit de commodités, d'épargnes et de richesses que le travail matériel s'élève à des prix qu'il n'avait pas atteints depuis longtemps. Ce sera au détriment du travail non producteur d'objets matériels ; il y aura là, pour un temps indéterminé, une régression de l'esprit. Des années se passeront pour nos sociétés à reconstruire ce qui fut démoli et à recréer ce qui fut détruit ; et c'est dans la mesure où ses mains collaboreront à cette œuvre que se déterminera la valeur sociale d'un homme ; il y aura réfection de la hiérarchie sociale, déplacement de fortune.

D'autres étudieront cette évolution économique qui fermente à l'intérieur des sociétés et dont le dénouement paraît être conforme à l'idéal de justice du plus grand nombre des hommes. Pour nous, ce que nous voulons tenter ici, c'est de considérer le déplacement de la fortune qui apparaît comme l'un des faits capitaux de la guerre, non pas du point de vue social, mais du point de vue international. Il n'est douteux pour personne que l'Europe, qui régissait le monde jusque vers la fin du dix-neuvième siècle, perd sa suprématie au profit d'autres pays ; nous assistons au déplacement du centre de gravité du monde hors d'Europe ; nous voyons sa fortune passer aux mains des peuples de l'Amérique et de l'Asie.

Jusqu'ici c'était un fait élémentaire de géographie économique que l'Europe dominait le monde de toute la supériorité de sa haute et antique civilisation. Son influence et son prestige rayonnaient depuis des siècles jusqu'aux extrémités de la terre. Elle dénombrait avec fierté les pays qu'elle avait découverts et lancés dans le courant de la vie générale, les peuples qu'elle avait nourris de sa substance et façonnés à son image, les sociétés qu'elle avait contraintes à l'imiter et à la servir.

Quand on songe aux conséquences de la grande guerre, qui vient de se terminer, sur cette prodigieuse fortune, on peut se demander si l'étoile de l'Europe ne pâlit pas et si le conflit dont elle a tant souffert n'a pas commencé pour elle une crise vitale qui présage la décadence. En décimant ses multitudes d'hommes, vastes réserves de vie où puisait le monde entier ; en gaspillant ses richesses matérielles, précieux patrimoine gagné par le travail des générations ; en détournant pendant plusieurs années les esprits et les bras du labeur productif vers la destruction barbare ; en éveillant par cet abandon les initiatives latentes ou endormies de ses rivaux, la guerre n'aura-t-elle pas porté un coup fatal à l'hégémonie de l'Europe sur le monde?

Depuis l'époque des grandes découvertes, l'Europe avait imposé à l'univers sa direction économique ; elle transportait sur ses navires les produits des pays lointains ; elle attirait dans ses ports le marché des denrées exotiques ; elle accumulait dans ses banques les profits du commerce pour les appliquer ensuite à l'exploitation des régions vierges ; elle produisait dans ses usines les articles manufacturés qu'elle vendait partout aux peuples mal outillés ; elle fournissait aux territoires vides les colons nécessaires à leur peuplement ; en un mot, elle dispensait au monde entier les trésors de son argent, de sa force et de sa vie. Par un de ces déplacements de fortune qui font surgir à la pleine lumière certains peuples à la place de certains autres, notre vieux pays est-il en danger de descendre, éclipsé par les jeunes nations qui montent?

Déjà la fin du dix-neuvième siècle nous avait révélé la vitalité et la puissance de certaines nations extra-européennes, les unes comme les États-Unis nourries du sang même de l'Europe, les autres, comme le Japon, formées par ses modèles et ses conseils. En précipitant l'essor de ces nouveaux venus, en provoquant l'appauvrissement des vertus productrices de l'Europe, en créant ainsi un profond déséquilibre entre eux et nous, la guerre n'a-t-elle pas ouvert pour notre vieux continent une crise d'hégémonie et d'expansion?

Dépeuplée et appauvrie, l'Europe sera-t-elle apte à maintenir sur le monde le faisceau de liens économiques qui compose sa fortune privilégiée? Sera-t-elle toujours la grande banque qui fournissait des capitaux aux régions neuves? Comme puissances capitalistes, le Japon et surtout les États-Unis sont devenus ses rivaux.

Sera-t-elle toujours la grande entreprise d'armement qui transportait de mer en mer les hommes et les produits de toute la terre? D'autres marines se construisent et s'équipent qui lui disputent ce rôle fructueux de roulier des mers. Sera-t-elle toujours la grande usine qui vendait aux peuples jeunes ses collections d'articles manufacturés? Aux États-Unis et au Japon naissent et grandissent des industries qui visent les mêmes débouchés. Sera-t-elle toujours la grande puissance économique du monde? Elle n'est déjà plus seule à l'exploiter, à le coloniser, à le financer.

On peut donc dire que nous assistons au déclin de l'Europe. Il est intéressant de chercher sur quels points de la terre on commence à voir son domaine se démembrer et quels sont les pays qui profitent de ce déplacement de fortune. Il apparaît nettement que, sur des territoires différents et à des titres divers, les héritiers de l'Europe sont les États-Unis et le Japon. Depuis longtemps la doctrine de Monroe avait marqué des limites aux ambitions politiques de l'Europe sur le continent américain ; l'essor prodigieux des États-Unis dans la production industrielle impose de même des limites à l'expansion économique de l'Europe ; l'Amérique latine, longtemps fief de notre commerce, cède peu à peu à l'attraction yankee ; bien plus, par une curieuse inversion des courants d'influences, la vieille Europe s'ouvre à la jeune Amérique comme une terre de colonisation. En Extrême-Orient, le Japon cherche à réaliser dans l'ordre économique la formule que ses missionnaires et ses diplomates propagent depuis les Indes jusqu'à la Sibérie : l'Asie aux Asiatiques. Et voici que les races, parmi lesquelles l'Europe avait longtemps recruté des esclaves et des ouvriers, commencent à réclamer le traitement politique qui sera le premier fondement de leur indépendance économique : c'est toute la fortune de l'Europe qui chancelle.

Ces déplacements de puissance se préparent sous nos yeux ; ils ne s'achèveront sans doute pas avant de longues années. Mais notre devoir et notre intérêt nous conseillent de tenir constamment ouvert ce chapitre de l'histoire de l'humanité qui commence. Nos éléments d'information se trouvent dispersés à travers le monde, partout où les Européens ont posé le pied. Nous tenterons seulement de grouper les faits les plus significatifs, en souhaitant que, dans chaque pays, des hommes mieux renseignés entreprennent l'étude locale de ce fait universel. Qu'il nous suffise, pour l'instant, d'en marquer l'ampleur et la portée[1].

1. Nous citons, chemin faisant, les principaux ouvrages auxquels nous avons emprunté des renseignements. — La plupart de nos chiffres viennent de statistiques, publiées soit par des services officiels, soit par des revues économiques. — Au nombre de nos sources d'information, nous devons signaler beaucoup d'articles de journaux, français et étrangers, dûment vérifiés et confrontés. Citons particulièrement le *Bulletin Quotidien* et le *Bulletin Périodique de la Presse étrangère,* publiés par les Ministères des Affaires Étrangères et de la Guerre, dont certaines parties, par exemple l'Amérique du Sud, sont, pour les questions économiques, très sérieusement composées.

CHAPITRE PREMIER

L AFFAIBLISSEMENT DE L'EUROPE

La guerre a profondément atteint l'économie européenne. Pour imaginer ses effets désastreux et supputer leurs risques de durée, on est tenté de se reporter aux époques les plus douloureuses de l'histoire de l'humanité ; on évoque le souvenir de la guerre de Cent Ans pour la France et de la guerre de Trente Ans pour la France de l'Est et l'Allemagne de l'Ouest. Des documents certains nous apprennent combien il fallut de temps aux malheureuses régions ravagées par les bandes et par les troupes pour se relever de leurs ruines et de quelle lourde hypothèque ces dévastations y chargèrent le développement de la civilisation. Au XVIIe siècle, notre province de Champagne souffrit tellement des ravages des Suédois et des Croates que l'industrie du fer, si prospère sous Henri IV et durant le début du règne de Louis XIII, fut presque réduite à la ruine ; la plupart des forges cessèrent de travailler ; plusieurs ne revinrent jamais à la vie ; on ne sentit qu'à la longue les effets de la paix, et, malgré les efforts de Colbert, il ne semblait pas à la fin du siècle que la métallurgie eût retrouvé toute sa prospérité d'autrefois. Plus près de nous, nous savons que les guerres de Napoléon ont laissé la France affaiblie alors que, de l'autre côté de la Manche, la révolution industrielle édifiait la fortune moderne de la Grande-Bretagne. Mais ces comparaisons ne suffisent pas à l'intelligence du présent parce que la grande guerre a été un fléau d'une grandeur jusqu'alors inconnue ; elle a mis aux prises des armées de plusieurs millions d'hommes représentant des pays de plusieurs centaines de millions d'habitants ; elle a mis en œuvre des engins de destruction formidables qui ont fauché des millions de vies humaines, annihilé des siècles de travail et d'économie, et même détruit la terre des champs. La guerre a porté le trouble dans une civilisation savante et ponctuelle ; elle a désorganisé les merveilles d'agencement qui la supportaient ; elle a jeté bas les fondements même de son existence : production intensive des champs, travail compliqué et spécialisé des usines, transports réguliers, relations universelles. Aussi quand on essaie de voir où le mal a porté, on constate que la guerre a eu surtout trois effets directs sur l'économie européenne ; en arrêtant la production, elle a obligé l'Europe à faire à l'étranger des achats qui l'ont endettée et rendue débitrice de ses anciens créanciers ; en détruisant les biens, elle l'a obligée à se reconstituer perdant ainsi les moyens de créer de nouvelles richesses à échanger ; enfin, en tuant des multitudes d'hommes, elle a tari une source d'énergie et de vitalité.

I

LA CRISE DE PRODUCTION EN EUROPE

L'Europe, qui déjà bien avant la guerre ne pouvait se passer des envois de l'étranger en matières alimentaires, tombe de plus en plus sous la dépendance des autres pays. Tandis que les rendements de son agriculture s'abaissaient l'obligeant à de coûteuses importations, la production s'accroissait ailleurs, en vue de suffire aux demandes énormes des belligérants.

Nous pouvons prendre la France comme un exemple de ces pays agricoles dont la terre dut chômer faute de travailleurs. Si nous comparons en 1903-1912 et en 1918 les récoltes et les surfaces cultivées, nous constatons que le blé est tombé de 6500000 à 4300000 hectares et de 89600000 à 63600000 quintaux; l'avoine, de 3800000 à 2600000 hectares et de 48400000 à 27400000 quintaux; les pommes de terre, de 1500000 à 1100000 hectares et de 132000000 à 62100000 quintaux. Pour le blé, la production française a donc baissé de près de 30 pour 100; pour les pommes de terre, de plus de 100 pour 100.

En contraste avec ces productions réduites, nous voyons aux États-Unis, de 1900 à 1918, la récolte de blé bondir de 190 à 334 millions d'hectolitres; celle du maïs, de 766 à 940; celle de l'avoine de 294 à 560; celle de la pomme de terre, de 77 à 135. La moisson de blé de 1918 ne connaît de rivale dans l'histoire agricole des États-Unis que celle de 1915; malgré l'accroissement continu de la population, elle a laissé libre pour l'exportation une masse de près de 110 millions d'hectolitres. La récolte de 1919 ne le cède guère en abondance. Tandis que l'Europe s'inquiète pour son pain quotidien, les États-Unis redoutent la pléthore, car leurs excédents de récolte rencontrent sur le marché le trop plein de l'Argentine et de l'Australie. Sans les grains du Nouveau-Monde, l'Europe ne mangerait pas à sa faim ; cette situation date d'avant la guerre ; mais la guerre a rendu critique la question des vivres ; pour la seule année de 1916, l'Europe reçut des États-Unis plus de deux milliards de francs de farine ; elle continuera à dépendre d'eux et des autres pays neufs pour une large portion de sa subsistance.

Pour combler le déficit des récoltes européennes, les pays qui travaillaient en paix ont développé leur production ; il en est même qui l'ont créée de toutes pièces. Nulle part cet essor ne fut plus rapide que dans l'Amérique du Sud ;

une véritable révolution économique s'y prépare. En Argentine, d'énormes achats de blé se sont faits pour le compte de l'Angleterre et de la France ; partout on sème en blé de grandes étendues de terre qu'on avait jusqu'ici consacrées au maïs ; devant l'abondance des récoltes, on se demande avec inquiétude comment on pourra les emmagasiner, puis les embarquer pour l'Europe ; pour la seule année de 1917-1918, l'Argentine disposait de quatre millions de tonnes prêtes à l'exportation ; la vente du blé à l'Europe s'élève aux proportions d'une affaire nationale ; en 1919, on l'a réglée par une convention entre le gouvernement argentin et les gouvernements de Grande-Bretagne, de France et d'Italie. En 1918, l'Argentine exporta 4325830 tonnes de grains valant 535 millions de pesos (blé, 2437209 tonnes ; avoine, 646765 ; graine de lin, 164958 ; maïs, 825935) ; ce commerce représente la grande fortune du pays ; au début de 1919, la grève des dockers de Buenos-Aires, qui menaçait de l'arrêter, apparaissait comme un fléau national. C'est aussi l'Europe qui absorbe presque toute la récolte de l'Uruguay.

Mais les pays de la Plata avaient depuis longtemps de vastes champs de blé ; depuis longtemps ils étaient les fournisseurs de l'Europe. Le fait vraiment caractéristique de toute cette évolution économique, c'est l'apparition du Brésil sur le marché du monde comme exportateur de blé. Avant la guerre, le Brésil produisait peu de blé ; il en importait même pour sa consommation; comme la rareté du fret, conséquence de la guerre, compromettait ses approvisionnements, il se mit à développer les champs de blé dans les États du Sud de telle manière que la récolte non seulement suffit aux besoins du pays, mais encore permet des ventes à l'Europe. En 1917, on récolta 17,8 millions d'hectolitres de blé dans le Minas Geraes, 17,2 dans le Rio Grande do Sul, 13,2 dans le Sao Paulo, 3,6 dans le Parana, 2,7 dans le Santa Catarina. Tandis que le Brésil importait 24973 tonnes de blé en 1906, il n'en importait plus que 187 tonnes en 1917 et il en exportait 24047, valant 4900000 francs. D'autres cultures, surexcitées par la demande extérieure, se développent à l'unisson : des chargements de riz, de manioc, de haricots quittent le Brésil à destination du vieux monde.

Tout l'ensemble du continent américain contribue donc à l'alimentation de l'Europe. Comme elle est incapable de payer ces fournisseurs avec ses propres produits, elle doit leur donner son or ou bien leur demander crédit. L'Europe fait des dettes sur toute la terre.

Pour bien d'autres approvisionnements, l'Europe passe sous la dépendance des autres pays. Depuis longtemps la Grande-Bretagne achetait de la viande en Argentine. La France, ayant souffert de grosses pertes de bétail, doit maintenant faire appel aux mêmes ressources ; de 1912 à 1918, le nombre des bêtes bovines est tombé chez nous de 14,7 à 13,3 millions ; le nombre des moutons, de 16,4 à 9,4 millions ; le nombre des porcs de 6,9 à 4 millions. Pour les moutons et les porcs, ces chiffres révèlent un énorme déchet. Pour les bêtes à cornes, la diminution paraît moindre ; mais l'âge moyen des animaux a baissé de telle sorte que leur poids, c'est-à-dire leur rendement en viande, se trouve fortement réduit ; de plus, nous possédons beaucoup moins de vaches laitières. Aussi les exportations de viande argentine ont monté de 200 millions de pesos or en 1913 à

376 millions en 1917; elles s'accroîtront tant que l'Europe n'aura pas reconstitué son cheptel; avec ses usines frigorifiques équipées à la moderne, l'Argentine occupe, aux côtés de l'Australie et de la Nouvelle-Zélande, une place de premier ordre sur le marché de la viande. Comme Buenos-Aires en Argentine, Montevideo en Uruguay expédie des cargaisons de viande congelée vers le Havre, Bordeaux, Londres et Liverpool. Toute l'économie pastorale se trouve entraînée dans le même mouvement: pour la première fois en 1917 l'Argentine exportait du fromage en Europe. Au Brésil, de gros établissements frigorifiques se sont fondés près de Sao Paulo et dans le Minas Geraes: alors qu'en 1914 le pays n'exportait pas de viande congelée, il en expédiait 8510 tonnes en 1915, 66452 tonnes en 1917. Ailleurs c'est la production de sucre qui monte; on peut dire que l'Amérique latine a sauvé de la disette de sucre les États-Unis et les pays de l'Entente; Porto-Rico, Saint-Domingue et surtout Cuba ont été les gros fournisseurs; mais d'autres pays, comme le Honduras, le Nicaragua, le Costa-Rica, la Colombie, le Vénézuéla, le Chili, le Pérou et la Bolivie, ont

apporté leur contingent sur le marché ; quant au Brésil, il a exporté en 1917 plus de 13000 tonnes de sucre, chiffre dix fois plus fort que celui de 1912. Denrée précieuse et chère, le sucre, impose à l'Europe une lourde dépense que, faute de produits d'échange, elle doit en partie solder avec de l'or. A ces vivres il faudrait ajouter des masses d'autres objets de première nécessité dont la guerre avait créé en Europe l'impérieux besoin : c'est ainsi que de grosses commandes de traverses de chemin de fer ont abouti à l'exploitation forestière de certaines parties de l'Amérique du Sud et à des expéditions énormes de bois.

Ces considérations ne nous donnent qu'une faible idée de ce que l'Europe a perdu par déficit de production. Il faut songer non seulement à ce qu'elle dut acheter pour vivre, mais encore à ce qu'elle dut acquérir pour combattre. Vaste machine industrielle avant la guerre, elle fut incapable de suffire à ses fabrications de guerre ; pendant 1916, elle reçut des États-Unis en moyenne 300 millions de francs d'armes et de munitions chaque mois ; les usines américaines faisaient des affaires d'or ; au bout des deux premières années de guerre, elles avouaient des bénéfices de plus de 4 milliards de francs.

On comprend que ces achats de denrées de consommation et d'articles manufacturés représentent pour l'Europe d'énormes dépenses qu'elle n'a pu solder comptant : de là les dettes formidables qui pèsent sur les nations belligérantes.

II

LES DETTES DE L'EUROPE

La nécessité d'acheter pour suffire à leur consommation et l'impossibilité de travailler assez pour créer des produits d'échange ont profondément déséquilibré la balance commerciale des pays en guerre ; cette situation économique se traduit par un excédent des importations sur les exportations qui atteint des proportions jusqu'alors inconnues.

L'exemple de la Grande-Bretagne est particulièrement suggestif. Avant la guerre, elle avait bien un excédent d'importations ; mais c'était ainsi que se traduisait dans la balance de son commerce la masse des marchandises qui entraient chez elle pour payer les intérêts de ses capitaux placés au dehors. Avec la guerre, l'excès des importations prend des proportions colossales et signifie appauvrissement. En 1918, les importations de la Grande-Bretagne ont dépassé de 550 millions de livres sterling celles de 1913; les exportations ont été inférieures de 105 millions de livres sterling aux exportations de 1913; pour cette année 1918, l'excès des importations s'élève à 790 millions de livres sterling, soit 6 fois plus qu'en 1913 et 5 fois plus que la moyenne des dix années d'avant guerre; pour le premier semestre de 1919, il atteignait encore près de 384 millions de livres sterling. Dans la baisse des exportations figure, pour une bonne partie, la diminution des réexportations, c'est-à-dire de l'élément le plus original et le plus productif du commerce britannique.

Pour la France, ce déséquilibre se marque, d'une manière plus brutale encore, dans les statistiques de notre commerce extérieur, ainsi que le montre le tableau suivant:

Années	Importation (millions de francs.)	Exportation (millions de francs.)	Excédent des importations (millions de francs.)
—	—	—	—
1905	4 778	4 866	— 88
1913	8 421	6 880	+ 1 541
1914	6 402	4 869	+ 1 533
1915	11 036	1 937	+ 9 099
1916	20 640	6 215	+ 14 425
1917	27 553	6 012	+ 21 541
1918	19 915	4 144	+ 15 771

Pour la France, comme pour les autres nations belligérantes, la guerre représente donc une perte énorme de richesse au profit des pays épargnés ou moins éprouvés par le fléau. On a calculé qu'une année de guerre avait à peu près détruit les économies de quatre années normales. Dès lors le bilan de la guerre s'établit par des chiffres de dettes formidables.

DETTES DES BELLIGÉRANTS[1]

(en millions de dollars)

États Alliés.

Gde-Bretagne.	(1er août 1914), 3458 ;	(8 fév. 1919), 36457
États-Unis. .	(31 mars 1917), 1208 ;	(31 janv. 1919), 23267
France. . .	(31 juil. 1914), 6598 ;	(31 mars 1919), 30494
Italie.. . .	(30 juin 1914), 2632 ;	(31 oct. 1918), 12177
Russie. . .	(1er janv. 1914), 5092 ;	(1er janv. 1919), 67362

1. D'après Gottlieb, *Quarterly J. of Econ.*, mai 1919, p. 505.

ÉTATS CENTRAUX.

Allemagne. .	(1er oct. 1913), 1165 ;	(1er janv. 1919), 38531
Autriche. .	(1er août 1914), 3277 ;	(31 oct. 1918), 17072
Hongrie. . .	(1er août 1914), 1989 ;	(31 oct. 1918), 8707
Turquie. . .	(31 mars 1914), 667 ;	(31 déc. 1918), 1823

Ainsi, pour ces neuf pays, les dettes d'avant guerre s'élevaient à 26 milliards de dollars ; celles d'après guerre, à 236, dont 170 pour les Alliés et 66 pour les Puissances Centrales. Il fut un temps où l'on pouvait affirmer qu'une bonne guerre rapportait toujours quelque chose. Il est difficile de nier maintenant qu'une guerre, comme celle qui vient de se terminer, équivaut à une gigantesque catastrophe matérielle. La paix est venue ; il faudra travailler pour payer ces dettes. Mais les pays qui n'auront pas souffert travailleront avec moins de charges et plus de chances de succès.

D'autres charges encore pèseront malheureusement sur les pays qui ont fait la guerre : elles résulteront des dommages, des destructions et des pillages ; il faudra travailler et encore emprunter pour réparer ces ruines. Ces charges n'affecteront pas également tous les compagnons de lutte ; elles seront incomparablement plus lourdes pour les pays qui ont servi de champs de bataille. Pour les pays éloignés du théâtre des opérations, elles n'existent pas. Par contre, pour la France du Nord, la Belgique, la Serbie, la Roumanie, elles équivalent parfois à une réfection complète des moyens d'existence. Pour les industries belges, on évalue les dommages de guerre à plus de huit milliards et demi de francs. Dans la France du Nord, c'est un cataclysme qui a tout renversé ; on ne déplore pas seulement la dévastation des forêts, des usines, des mines, des maisons, volontairement accomplie par l'ennemi ; il faut encore revoir par la pensée cette zone de mort, longue de 500 kilomètres, large de 10 à 25, qui suit le front de la bataille et que le manque de culture joint à la destruction de la bonne terre a transformée en un désert, en une steppe sauvage, en un champ d'éruptions. On a évalué l'ensemble des dommages matériels subis par les régions françaises à près de 120 milliards de francs, dont 34 600 millions pour les habitations et les monuments publics, 19 220 pour l'agriculture, 4250 pour les houillères, 11 140 pour les mines et les usines métallurgiques, 22000 pour les industries textiles[1]. Partout où le cyclone a passé, il faut restaurer les bâtiments agricoles, renouveler le matériel des fermes, refaire parfois la fertilité du sol, reconstruire et rééquiper les usines, en un mot recréer toute la vie économique. Il n'y a pas lieu de désespérer de la puissance créatrice du travail. Mais en attendant que la vie dans ces régions dévastées ait reconquis une allure normale, les autres pays, demeurés valides et pourvus d'instruments de travail, prendront de l'avance ; ils feront de nouvelles économies au lieu de dépenser leur fortune.

L'Europe, et, dans l'Europe certaines régions, se trouvent donc, à la fin de la guerre, dans une situation malaisée. Elles auront vu leur épargne passer entre les mains de leurs fournisseurs ; elles devront en consacrer une autre partie à payer leurs créanciers, une autre à réparer leurs ruines. Ces dépenses gigantesques, dont l'humanité n'avait jamais encore conçu l'idée, les auront cruellement appauvries. Mais

1. D'après le rapport fait par M. Dubois à la Chambre des Députés.

la fortune aura souri à d'autres ; d'autres pays se seront enrichis.

III

LE DÉCHET HUMAIN. L'ÉMIGRATION EUROPÉENNE

L'influence, que depuis des siècles l'Europe exerce dans le monde, ne procède pas seulement de la puissance de ses ressources matérielles : elle repose aussi sur l'abondance de son personnel humain. Dans quelle mesure la guerre a-t-elle compromis cette source d'énergie?

On peut déterminer à peu près exactement la multitude des hommes qui ont péri. Le compte fatal a été fait par la plupart des belligérants : les chiffres officiels restent au-dessous de la réalité, car ils ne comprennent pas les morts après réforme ; d'autre part, pour quelques pays, nous n'avons que des évaluations. Le bilan mortel peut s'établir ainsi qu'il suit :

PERTES EN TUÉS, MORTS OU DISPARUS

France.	1 385 000
Grande-Bretagne.	930 000
Italie..	468 000

Serbie.	370 000
Roumanie.	240 000
États-Unis.	152 000
Canada.	57 000
Australie.	56 000
Inde.	34 000
Belgique.	22 000
Nouvelle-Zélande.	17 000
Portugal.	8 500
Afrique du Sud.	7 000
Russie.	1 700 000 ?
Allemagne.	2 140 000
Autriche-Hongrie.	943 000
Turquie.	450 000 ?

La proportion de ces morts par rapport à la population totale s'élève à plus de 3 pour 100 pour la France, à 4 pour 100 pour la Roumanie, à 12 pour 100 pour la Serbie. Pareilles hécatombes n'ont pas d'exemple dans l'histoire. C'est pour l'Europe entière la suppression de plus de huit millions et demi d'hommes, soit l'équivalent du cinquième de la population de la France. Si l'on considère les habitants âgés de 20 à 44 ans, ces pertes représentent la proportion de 20 pour 100 en France, de 15 pour 100 en Allemagne, de 10 pour 100 en Grande-Bretagne et en Italie.

Ce ne sont pas seulement les armes meurtrières qui ont décimé la communauté européenne : il faut aussi faire la part des souffrances et des maladies qui ont provoqué des morts prématurées et arrêté le mouvement des naissances. A ne considérer en France que les 77 départements non envahis, et, dans ces départements que la population civile, on constate pendant la guerre un énorme déficit des naissances. Le tableau suivant le montre :

	Naissances	Décès	Excédent des décès
	—	—	—
1913.	604 811	587 445	— 17 366
1914.	594 222	647 549	53 327
1915.	387 806	655 146	267 340
1916.	315 087	607 742	292 655
1917.	343 310	613 148	269 838
1918.	399 000	788 600	389 600

A Paris, les registres de l'état civil nous indiquent, d'août 1913 à août 1914, 45000 décès et 49000 naissances ; d'août 1915 à août 1916, 43000 décès et 25000 naissances. Les mêmes phénomènes se retrouvent dans le reste de l'Europe. En Allemagne, on constatait en 1913 un excédent de naissances de 834000, en 1916 un excédent de décès de 227700, en 1918 un excédent de décès de 885000. Avant la guerre, le nombre des hommes et celui des femmes entre 20 et 30 ans étaient à peu près égaux ; en 1919, on compte 1 230 femmes pour 1 000 hommes. Les centres urbains, où les conditions d'existence sont plus difficiles qu'à la campagne, ont payé un dur tribut ; de 1913 à 1916, la natalité à Dresde tomba de 11297 naissances à 5817 ; à Vienne, de 36079 à 23075. A Berlin, de 1912 à 1917, les naissances ont baissé de 44803 à 19458 ; les décès ont monté de 29981 à 34138 ; les petits enfants ont été particulièrement décimés. Le fléau n'a pas épargné le Royaume-Uni : de 1913 à 1916, les naissances ont baissé de 109 pour 1000 en Angleterre, de 88 en Écosse, de 86 en Irlande. Depuis le mois de mai 1915 jusqu'au mois de juin 1918, il est né dans le Royaume-Uni 2 950000 enfants au lieu de 3 millions et demi, chiffre qui aurait était normal d'après les moyennes des statistiques d'avant-guerre[1].

On doit se demander quelle blessure laissera dans l'économie européenne cette brèche pro-

1. Voir *Journal of Royal Statistical Society*, 1918, p. 11.

fonde et comment pourra se réparer cette perte de capital humain. Il ne semble pas que cette dépopulation affecte également les capacités économiques de tous les pays de l'Europe. Elle sera particulièrement lourde pour les nations chez lesquelles le développement du bien-être avait déjà tari les sources de la natalité comme la France ou commençait à les tarir comme la Grande-Bretagne et l'Allemagne. En France, pour remplir les vides laissés par la mobilisation, on avait dû faire appel à des Kabyles, à des Annamites, à des Chinois, à des Grecs, à des Portugais, à des Espagnols. Mais, la guerre finie, tous les Français n'ont pas repris leur place au travail; nos pertes ont creusé des brèches irréparables dans la masse laborieuse; la main-d'œuvre manque non seulement pour produire ce que nous consommons, mais encore pour fabriquer de quoi exporter largement. Cette raréfaction de la main-d'œuvre, qui fait hausser les salaires, paralyse la production des articles d'échange dont la vente à l'étranger nous assurerait une meilleure balance commerciale. L'Amérique souffre, à l'état chronique, de cette rareté de la main-d'œuvre;

mais ses moyens de travail sont intacts, et elle possède de si grandes richesses naturelles que sa force de production croît au lieu de baisser.

Il existe un autre aspect du problème de la population vers lequel la guerre doit ramener l'attention. Au cours du dix-neuvième siècle, de vastes pays se sont peuplés d'Européens ; des émigrants britanniques, germaniques, slaves et latins sont venus donner la vie à de puissantes colonies. Ce trop plein d'hommes, qui a engendré le plus puissant mouvement de colonisation de l'histoire, va-t-il continuer à s'écouler de notre vieux continent ? Il est difficile de prédire l'avenir au moment où l'équilibre de l'Europe demeure instable, où beaucoup de populations attendent encore de revenir à des conditions normales d'existence et où leur situation économique dépend de ce que sera leur statut politique et social. Certes, les conditions générales de l'émigration européenne ne peuvent pas se modifier de fond en comble tant qu'il subsistera en Europe des races prolifiques sur des terres pauvres et, hors d'Europe, des espaces fertiles à peupler. Il n'en est pas moins vrai que des tendances nouvelles se manifestent, parmi les causes générales qui persistent.

Certains pays ont tellement souffert de la guerre que la détresse économique ne peut qu'accroître, au moins momentanément, le désir d'émigrer. Les peuples de l'Orient européen qui commençaient, déjà avant la guerre, à partir en masse, chercheront encore à émigrer ; à beaucoup la guerre n'aura laissé que des ruines et peu d'espérances. Des pays comme la Russie, l'Autriche, la Hongrie, l'Italie, la Grèce, la Roumanie, la Serbie, la Bulgarie, la Turquie forment un réservoir humain de près de 290 millions d'habitants, c'est-à-dire deux fois et demi plus abondant que les vieilles nations industrielles de l'Occident : Grande-Bretagne, Allemagne, Scandinavie, Hollande, Belgique et Suisse ; il faut s'attendre à ce qu'une poussée migratrice sorte encore de ces pays politiques. Même en Occident, dans les pays de vieille civilisation que la guerre a saignés, certains hommes cherchent à s'expatrier afin de trouver ailleurs un niveau de vie plus confortable ; le cas est fréquent en Allemagne parmi les classes cultivées, ingénieurs, agronomes, officiers de terre et de mer, employés d'industrie, contremaîtres et même ouvriers spécialisés ; le mouvement se dirige vers l'Amérique du Nord et surtout vers l'Amérique du Sud ; il prend assez d'ampleur pour que le gouvernement allemand s'inquiète de l'organiser et de le régler. En Grande-Bretagne, on observe des faits analogues : beaucoup de soldats, ayant au cours de la guerre rencontré des Australiens et des Canadiens, savent qu'on accorde en Australie et au Canada des concessions de terre aux combattants libérés ; comme beaucoup de leurs compatriotes avant la guerre et avec plus de raisons qu'eux puisque le prix de la vie a doublé, ils se laissent tenter par l'espoir de fonder au delà des mers un foyer heureux et stable. D'autre part, tous les pays neufs ont un pressant besoin de matériel humain pour hâter leur évolution économique ; l'Amérique du Sud en manque tellement qu'elle fait appel à des colons japonais ; la main-d'œuvre européenne se fait rare sur les plantations de café du Brésil ; les campagnes argentines réclament des fermiers et des ouvriers agricoles ; tous les Dominions britanniques, soutenus par les compagnies de navigation, sollicitent de nouveaux colons. Il n'est donc pas probable que le flot d'hommes, déversé depuis plusieurs décades par l'Europe sur le monde, s'arrête de couler et meure de sitôt.

Mais on doit se demander si l'Europe pourra longtemps encore assumer cette fonction de semeuse d'hommes. Certains faits permettent de croire qu'elle se ralentira. Les États-Unis nous en fournissent la preuve. Le nombre des immigrants y a baissé de 1 403 681 en 1913-1914 à 366 748 en 1915-1916, 362 748 en 1916-1917, 211 853 en 1917-1918 ; ce dernier chiffre est, avec les chiffres de 1861 et de 1862, le plus faible qu'on ait observé depuis 1844. Cette diminution des arrivées ne doit pas continuer sur le même rythme, mais il y a des raisons pour qu'elle ne s'arrête pas. D'abord le niveau social des immigrants s'abaisse tellement que la nation américaine craint de ne plus pouvoir les assimiler ; de nombreuses voix s'élèvent aux États-Unis pour proclamer que l'afflux des travailleurs ignorants et incultes qui viennent de l'Est et du Sud de l'Europe menace de submerger la civilisation américaine ; on prépare des mesures pour limiter cette immigration orientale et pour la restreindre de telle manière que l'assimilation, l'américanisation des nouveaux venus soit pratiquement possible. Un autre fait semble annoncer que l'émigration de certains pays européens se restreindra d'elle-même : c'est que les émigrants quittent les États-Unis en grand nombre ; au début de la guerre, beaucoup d'Européens, laissant leur travail dans les usines d'Amérique, avaient regagné leur pays natal pour rejoindre l'armée ; mais ce mouvement de retour ne fait que s'accentuer depuis la fin de la guerre. On note 4113 départs de New-York en septembre 1918, 5050 en octobre, 8285 en novembre, 10000 en décembre, 13278 en janvier 1919, 16854 en février, 21774 en mars, 23773 en avril, 26812 en mai, 28500 en juin. Le nombre des demandes de départs s'accroît ; à la fin de juin 1919, 60000 étrangers étaient inscrits pour le passage de l'Atlantique. On calculait que plus de la moitié des Roumains des États-Unis rentraient dans leur pays d'origine et que plus d'un tiers des Serbes, Russes et Slovaques désiraient partir ; beaucoup d'Italiens aussi s'en retournent avec leurs femmes et leurs enfants.

Les fonctionnaires des services de l'Immigration au port de New-York estiment que le mouvement doit s'amplifier et qu'il peut devenir un véritable exode.

Ces retours en masse signifient que, malgré les désastres de la guerre, les émigrants n'ont pas peur de retrouver en Europe les conditions économiques qui les en avaient chassés. Ils reviennent en effet le plus souvent dans un pays où les révolutions politiques et sociales leur assurent dorénavant de la terre libre, plus de liberté personnelle, moins de charges militaires ; quant au prix de la vie, ils en souffrent aux États-Unis et ils n'ont pas à le redouter davantage chez eux. C'est que, parmi les émigrants qui venaient d'Autriche-Hongrie et de Russie et qui formaient déjà la majorité de l'immigration, la plupart n'appartenaient pas à la race qui dominait politiquement ou socialement : 97 pour 100 de l'immigration russe aux États-Unis se composait de Juifs, de Polonais, de Lithuaniens, de Finnois, de Lettons ; parmi la population étrangère des États-Unis ceux qui parlaient russe ne représentaient que 3 pour 100 de ceux qui étaient nés en Russie. De même, d'Autriche-Hongrie venaient surtout non pas des Allemands ou des Magyars, mais des Slaves. Or, dans l'Eurore Orientale, la guerre a mis fin à l'oppression des « races sujettes » par les « races dominantes » ; ceux que la misère et la persécution avaient chassés de chez eux y reviennent, maintenant qu'un ordre nouveau s'est établi : la maison est meilleure à habiter ; avec plus d'égalité et de liberté, il y fera meilleur vivre. C'est là certainement le grand fait nouveau qui ralentira l'émigration européenne.

Les industriels américains envisagent avec assez d'inquiétude ces tendances nouvelles ; la main-d'œuvre se recrutera difficilement ; les travailleurs manqueront aux usines. Les économistes considèrent ces départs comme un appauvrissement ; car ces ouvriers, qui ont gagné de gros salaires dans les fabriques de munitions, dans les chantiers navals et dans les autres usines, emportent avec eux, dans leur pays natal, de belles économies en dollars. Mais le phénomène dépasse l'économie américaine ; sa portée est universelle ; il nous révèle que le rôle de l'Europe comme productrice d'hommes décline et que la grande migration des Européens d'Est en Ouest tend à faiblir. Bien plus, le mouvement de retour d'Ouest en Est nous donne l'image concrète du renversement d'influence qui se prépare : c'est l'Amérique qui vient vers l'Europe ; la marche de la civilisation change de sens. Ces hommes, qui reviennent en Europe, ont vécu parfois de longues années aux États-Unis ; ils portent en eux-mêmes les goûts, les habitudes, les idées de l'Amérique ; ils vont les répandre autour d'eux ; ils deviendront pour ainsi dire les représentants de l'Amérique, ses missionnaires, ses commissionnaires ; en créant des relations étroites entre leur pays d'adoption et leur pays natal, ils contribueront à élargir le cercle de l'influence américaine.

CHAPITRE II

LA PUISSANCE FINANCIÈRE

En face de l'Europe appauvrie par l'énormité de ses dépenses et de ses pertes, d'autres pays se sont enrichis. Elle possédait la puissance financière résultant d'économies accumulées durant des siècles de travail. Cette puissance passe entre les mains de pays jeunes situés hors du théâtre de la conflagration, du Japon et surtout des États-Unis. L'Europe n'est plus seule à prêter des capitaux pour mettre en valeur les terres vierges, pour équiper les nations adolescentes, pour propager sa civilisation. Elle perd le rôle exclusif de banquier du monde. Même lorsqu'elle aura pu à force de labeur et d'épargne reconstituer des disponibilités, elle trouvera, en bien des contrées, sa place prise par ses rivaux. En attendant, elle a besoin de leur collaboration pour reconstituer sa force productive : déjà les États-Unis mobilisent leurs capitaux pour la restauration de l'Europe. Nous assistons à l'un des plus rapides déplacements de fortune que l'histoire du monde ait enregistrés.

I

LA PUISSANCE FINANCIÈRE DES ÉTATS-UNIS

La puissance financière des États-Unis était en germe dans la richesse de leur sol qui est vraiment, comme les Américains l'appellent, la « terre de Dieu ». Presque aussi étendue que l'Europe mais avec une population beaucoup moins nombreuse, ils produisent 64 pour 100 du pétrole du monde, 39 pour 100 de la houille, 36 pour 100 du minerai de fer, les deux tiers du cuivre, plus des deux tiers du coton. Ils ne sont pas tributaires de l'étranger pour ces produits, et ils ne le sont ni en blé, ni en viande. N'ayant pas connu chez eux les horreurs de la guerre, ils ont conservé intacts leurs moyens de production ; ils les ont même accrus sous la pression du marché extérieur; ils ont pu fournir à l'Europe les approvisionnements de toutes sortes dont elle manquait et qui n'étaient que le trop plein de leurs ressources. Cette situation s'est révélée en très peu de temps par l'énorme disproportion entre leurs importations et leurs exportations qui caractérise leur commerce extérieur.

Formation de la puissance capitaliste des États-Unis. — Durant la guerre, les États-Unis ont fait aux pays de l'Entente d'énormes fournitures. Il en est résulté, dans leur balance commerciale, une extraordinaire supériorité des exportations, que le tableau suivant permet de mesurer.

COMMERCE EXTÉRIEUR DES ÉTATS-UNIS

(en millions de dollars.)

	Exportations	Importations	Excédent des importations
	—	—	—
1912. . .	2 170	1 653	517
1913. . .	2 428	1 813	615
1914. . .	2 329	1 893	435
1915. . .	2 716	1 674	1 042
1916. . .	4 272	2 197	2 074
1917. . .	6 227	2 659	3 567
1918. . .	5 838	2 946	2 892

Pendant les cinquante et un mois de la guerre, l'excédent des exportations sur les importations atteint 10 milliards 900 millions de dollars, alors que, pour les cent vingt-cinq années qui se sont écoulées de 1789 jusqu'au mois d'août 1914, cet excédent n'a pas dépassé 9 milliards 7 millions de francs. Avant la guerre, la plus-value des exportations était déjà l'un des traits originaux de l'économie américaine; mais elle n'avait jamais encore dépassé 650 millions de dollars en une année, alors que, en 1916-1917, elle a dépassé 3 milliards 600 millions de dollars. Tandis que, dans le commerce avec l'Asie et avec l'Amérique du Sud, les importations l'emportent sur les exportations, c'est presque exclusivement du commerce avec l'Europe que proviennent les excédents d'exportations; pour la seule année se terminant le 30 juin 1918, le total des exportations américaines à destination de l'Europe s'est élevé à 5928000000 dollars: ces chiffres représentent plus que l'ensemble du commerce extérieur de la Grande-Bretagne et de la France avant 1914.

Ce puissant courant d'exportation a eu pour

conséquence un énorme afflux d'or aux États-Unis. Tout l'or des pays acheteurs s'est déversé dans les caisses américaines. Le stock d'or des États-Unis s'élevait :

en août	1914, à 1	milliard	887	millions de dollars	;
—	1915, à 2	milliards	006	—	;
—	1916, à 2	—	550	—	
en janv.	1918, à 3	—	100	—	

Au début de l'année 1919 il était encore d'environ 3 milliards de dollars, soit, à peu près, le tiers du stock mondial. Les États-Unis détiennent donc la plus grande réserve d'or du monde et c'est aussi la plus grande qu'on ait connue. New-York détient le marché monétaire du monde. Pendant la guerre, cette force s'est révélée à maintes reprises ; par exemple, il s'est trouvé un moment où, la Grande-Bretagne maintenant mal son change à Tokio et le soutenant bien à New-York, les Japonais ont touché des effets anglais à New-York. Les Espagnols ont procédé de même. La fin de la guerre n'a pas arrêté la migration de l'or européen vers les États-Unis : à l'or des Alliés vient s'unir, depuis la paix, un courant d'or allemand.

Les achats que l'Europe a faits aux États-

Unis, elle ne les a pas seulement soldés en dépensant ses réserves d'or ; elle a dû livrer les valeurs américaines qu'elle détenait en ses portefeuilles. Elle possédait encore en juillet 1915 2 milliards 704 millions de dollars de titres de chemins de fer américains ; elle n'en avait plus que 1 milliard 185 millions en janvier 1917 ; le reste a depuis cette époque, pour une bonne partie, suivi le même chemin. Sur le total des actions de la U. S. Steel Corporation, 25, 29 pour 100 étaient entre les mains d'étrangers le 31 mars 1914, 9, 15 pour 100 le 30 juin 1919. On évalue à 10 milliards de dollars les valeurs américaines rachetées aux étrangers depuis le début de la guerre. Les États-Unis remboursent donc leurs créanciers de l'étranger. A leur tour, ils deviennent les créanciers du monde : sans leur appui financier, les Alliés n'auraient pas pu gagner la guerre.

L'accumulation de richesse qui résulte pour eux de la guerre fait des États-Unis de grands prêteurs de capitaux. Comme l'Europe ne disposait plus d'assez de dollars pour couvrir ses formidables dépenses d'Amérique, les États-Unis lui ont prêté, sous forme de grands emprunts, d'avances à court terme ou de crédits commerciaux, une somme qui dépasse 9 milliards de dollars. D'après la *Financial Chronicle* du 8 février 1919, les sommes dues par l'étranger aux États-Unis s'élevaient en effet à 9 milliards 483 millions de dollars dont 4 429 millions par la Grande-Bretagne, 2 705 par la France, 1 051 par l'Italie, 462 par le Canada, 173 par la Belgique. La Tchéco-Slovaquie, la Grèce, la Roumanie, la Yougo-Slavie ont aussi leurs dettes en Amérique. Grâce à leur richesse, les États-Unis ont pu assumer un fardeau financier double de celui qu'aucune autre nation ait supporté.

Cette fonction de banquier du monde qui appartenait essentiellement à Londres passe à New-York. Londres était le siège de la grande Clearing-House internationale. Du fait que la Grande-Bretagne était le pays le plus gros importateur de marchandises lourdes et le plus grand transporteur maritime du monde, une grande partie des obligations internationales se réglaient au moyen de traites sur Londres ; du papier sur Londres valait de l'or. En fait, la guerre a ébranlé cette situation de Londres.

L'Angleterre a été le premier pays à déclarer le moratorium qui reculait l'échéance des paiements ; au point de vue international, le crédit britannique a faibli momentanément ; le monde a eu l'impression que la place de Londres n'était plus l'asile inviolé de la finance, inaccessible aux vicissitudes d'une guerre. Aussi voit-on se développer les règlements directs entre les États-Unis et les pays étrangers. Avant la guerre, les opérations de change effectuées par les États-Unis se limitaient, en fait, au Royaume-Uni, à la France et à l'Allemagne ; depuis la guerre, elles s'étendent au monde entier. « De février à décembre 1918, les compensations effectuées pour compte des nations européennes alliées des États-Unis a donné lieu à un mouvement d'affaires de 26 milliards de dollars, débit et crédit cumulés. Le mouvement des comptes des pays européens autres que les Alliés se chiffre à près de 2 500 millions de dollars, ceux des pays d'Asie à 2 800, ceux de l'Amérique Centrale, du Mexique et des Indes Occidentales à 2 300...[1] ». New-York menace

1. J. Decamps, *Le change des États-Unis*, 1914-1918. *France-États-Unis*, avril 1919, p. 158.

Londres comme centre de règlements internationaux. « C'est l'application de la doctrine de Monroe dans le domaine de la finance internationale[1]. »

C'est une véritable révolution dans la géographie financière que l'avènement des États-Unis à la suprématie du marché international; elle marque un déplacement de fortune d'un continent à l'autre; elle inaugure l'expansion capitaliste des Etats-Unis. Ils deviennent les pourvoyeurs de capitaux du monde. Débiteurs de l'étranger au début de la guerre, ils en sont aujourd'hui les créanciers; il leur revient chaque année environ 665 millions de dollars; c'est un revenu dont ils n'ont pas besoin pour vivre et que leurs débiteurs ne pourront pas tous acquitter en argent; ce revenu demeurera à l'étranger dans les entreprises industrielles, les anciennes qu'il faut relever, les nouvelles qu'on veut créer. Ainsi se prépare et s'élargit le rôle capitaliste des États-Unis.

Expansion capitaliste des États-Unis. — Jusqu'à la veille de la guerre, le marché des capitaux

1. *Ibid.*, mars 1919, p. 112.

américains s'était essentiellement tourné vers les affaires intérieures. Sans doute, il exploitait déjà un vaste champ de placements dans l'Amérique britannique et dans l'Amérique latine. Mais c'était surtout aux énergies nationales qu'il prêtait sa force. Les grandes banques de l'Est avaient concentré leurs efforts sur la mise en valeur et la colonisation de l'Ouest ; c'est dans ces régions neuves que les capitaux de la Nouvelle-Angleterre, de New-York et de la Pennsylvanie ont longtemps cherché leur terrain d'expansion. L'Ouest s'est créé par l'effort de l'Est. Entre les vieux États de l'Est et les régions neuves de l'Ouest, il a toujours existé une étroite solidarité. Par exemple les mines de fer du Minnesota se sont ouvertes vers l'époque même où se fondaient dans l'Est d'énormes concentrations de capitaux issus de l'industrie ; toute compagnie fabriquant de l'acier dans l'Est possède des mines de fer dans le Minnesota ; plus des trois quarts des réserves de minerai appartiennent à une filiale de la puissante U. S. Steel Corporation. Ces grands groupements de capitaux sont au départ de l'essor des pays nouveaux ; compagnies industrielles et compagnies de chemins de fer contrôlent toute la vie économique ; par elles s'organisent l'exploitation des mines, la fondation des usines, la mise en culture des terres, le peuplement du pays, la construction des villes. C'est à cette école nationale que s'est formé le capitalisme américain ; fort de cette expérience, il vise maintenant à intervenir dans les affaires du monde. Les États-Unis veulent être un marché international où se financerait, comme à Londres, le commerce du monde et où le dollar remplacerait la livre.

Déjà des organes puissants se sont fondés pour assurer cette expansion et pour faire aux capitaux américains leur place sur les marchés étrangers. M. Levandowsky[1] décrit fort bien l'action des plus puissants de ces organes, et, en particulier, de la National City Bank of New-York. « Depuis la mise en application de la nouvelle loi qui permet aux banques nationales de créer des filiales à l'étranger, la National City Bank en compte déjà sept dans l'Amérique du Sud, dont voici les sièges : Buenos-Aires, Rio,

1. M. Lewandowsky, La puissance financière des États-Unis. *Revue des Deux Mondes*, 1er février 1918, p. 678-679.

Santos, San Paulo, Montevideo, Santiago, Caracas, plus une agence à la Havane..... Une autre banque des États-Unis vient également d'y créer une agence : la First National Bank, de Boston, représentant le groupe des grandes industries de la Nouvelle-Angleterre. Depuis la guerre, plus de 70 pour 100 des transactions commerciales de l'Amérique latine se règlent en tirages sur New-York, c'est-à-dire en dollars, alors qu'auparavant c'était la livre sterling qui était presque exclusivement pratiquée pour les règlements internationaux. En d'autres parties du monde, la National City Bank s'établit. D'après des arrangements intervenus en 1915, elle s'est assuré le contrôle de l'International Banking Corporation qui possède des agences en Chine, au Japon, aux Indes, à Manille, à Panama, au Mexique et, de plus, un siège à Londres. Des agences de la National City Bank sont également en voie d'organisation pour l'Europe ; celle de Gênes vient de commencer ses opérations et d'autres sont à l'étude en Suisse et en Espagne..... D'autres grandes banques se préparent à entrer dans le mouvement..... A Paris vient d'être fondée la première agence d'une des plus puissantes sociétés financières de New-York, la Guaranty Trust. La National City Bank s'oriente vers la Russie dans la pensée d'offrir la commandite des capitaux américains lorsque le pays sera sorti des convulsions révolutionnaires[1] ».

L'exemple le plus significatif de la suprématie financière de l'Amérique se trouve dans les relations financières de l'Europe avec les États-Unis. Par suite de ses énormes achats aux États-Unis, l'Europe éprouve des difficultés de plus en plus grandes pour payer. Ni la France, ni l'Italie, ni l'Allemagne, ni même la Grande-Bretagne ne peuvent plus payer en or, ni en marchandises ; elles ne peuvent acheter qu'en obtenant du crédit. Le montant des prix d'achat se trouve augmenté de tout ce que le vendeur se croit en droit d'exiger en échange des risques

1. Au mois de septembre 1919, la National City Bank possédait 26 succursales à Cuba. Elle en avait fondé d'autres à Port of Spain (Trinidad), importante place de commerce vers le Vénézuéla ; à Caracas et à Maracaibo (Vénézuéla) ; à Porto-Alegre (Brésil), à Sanchez (Saint-Domingue), à Lyon (France), à Rangoun (Birmanie), à Kharbin (Mandchourie) ; elle en préparait une à Anvers et une à Bruxelles. Au total, le nombre de ses succursales étrangères à la fin de 1919 s'élevait à 70.

qu'il suppose que court sa créance. De là, la dépréciation des monnaies européennes et leur perte au change. Avant la guerre, 25 francs équivalaient à peu près à une livre sterling et cette livre valait 4,90 dollars américains. A la fin d'août 1919, il fallait 31 francs pour changer une livre, et cette livre n'équivalait à New-York qu'à 4,38 dollars. Au milieu de septembre 1919, après le départ d'une grande partie des troupes américaines, le change haussait toujours en France ; une livre anglaise s'achetait 38 fr. 50 ; un dollar américain, 9 fr. 13 ; le 6 décembre une livre, 41 fr. 57 ; un dollar, 10 fr. 78 ; si cette prime sur le dollar s'accroissait encore, les Anglais, les Français et les Italiens n'auraient plus le moyen de la payer ; leurs achats aux États-Unis devraient cesser.

Dans ces conditions, ce triomphe financier, qui fait des États-Unis les détenteurs du plus grand stock d'or et les bailleurs possibles de la plus grande somme de crédits, ne serait pas sans danger. Si le dollar américain se tient ferme ou monte encore, les Européens n'achèteront plus aux Américains que ce qui leur est absolument indispensable ; ils feront leurs autres achats en des pays où le change leur est plus favorable. Si l'Europe n'achète plus, les États-Unis ne vendront plus ; ils sont donc intéressés à ne pas laisser s'arrêter le courant d'échanges qui les a enrichis. De là, l'idée qu'il faut que les États-Unis, dans l'intérêt même de leurs créances, soutiennent leurs débiteurs et qu'ils leur accordent des crédits à long terme jusqu'à ce que les pays d'Europe soient parvenus à reconstituer leur puissance de production et, par suite, leur capacité d'échanges. Il ne s'agit pas pour les États-Unis de savoir s'ils veulent ou non nous accorder des crédits, mais bien s'ils veulent continuer à vendre et à exporter. En attendant que les pays d'Europe puissent reprendre leurs exportations, l'Amérique doit leur ouvrir des crédits. Cette situation de l'Europe qui attend des États-Unis sa résurrection permet de comprendre la révolution économique issue de la guerre ; ils sont devenus la grande nation créditrice ; l'Europe attend d'eux la prolongation des créances qu'elle ne peut rembourser ; elle leur demande le matériel nécessaire pour se refaire, pour remettre en marche ses usines, pour rendre à ses habitants une existence normale.

De tous les pays d'Europe, c'est la France que la guerre a le plus éprouvée ; elle a lutté longtemps seule avec toutes ses forces ; elle a souffert dans sa chair et dans sa terre ; elle a épuisé ses ressources financières et fortement entamé son capital. Elle avait beaucoup prêté au monde ; beaucoup de ses créances s'effondrent ; elle doit emprunter, elle, la grande prêteuse. Ce renversement de fortune définit, mieux qu'aucun autre exemple, la situation de l'Europe vis-à-vis des États-Unis ; nous avons, plus que d'autres, besoin de l'appui financier des Américains pour nous renouveler et pour remettre en état notre beau patrimoine.

On a pu discuter, et l'on discutera certainement encore, sur la meilleure manière de « financer » l'Europe, sur la manière d'intéresser le peuple américain à ces placements étrangers nouveaux pour lui, sur la manière d'organiser cette vaste entreprise de crédits, (intervention de l'État ou simple initiative du capital privé), sur la nature des garanties que nous offrirons pour nos obligations. Mais un fait domine tout : l'ascension des États-Unis à l'hégémonie universelle. Lord Robert Cecil comparait la situatión des Etats-Unis après la grande guerre à la situation de la Grande-Bretagne après les guerres de Napoléon. Cette comparaison n'est exacte qu'en partie ; car l'hégémonie britannique d'alors était essentiellement européenne, tandis que l'hégémonie américaine d'aujourd'hui est universelle. Grand réservoir de matières premières, de produits manufacturés et de capitaux, les États-Unis sont devenus un foyer économique et un centre financier sans lequel le monde ne peut ni travailler, ni échanger.

II

LA PUISSANCE FINANCIÈRE DU JAPON

Avec beaucoup moins d'ampleur qu'aux États-Unis, c'est la même évolution qui s'accomplit au Japon, selon le même processus : intense accroissement des exportations, constitution d'un énorme stock d'or, développement de l'expansion capitaliste. Le Japon, éloigné du théâtre des opérations, a vu ses exportations s'accroître plus vite même que celles des États-Unis. Alors que, en 1914, comme presque chaque année avant la guerre, les importations l'emportaient encore sur les exportations, on constate, à partir de 1915, des excédents considérables d'exportations: 226 millions de yen en 1915, 371 en 1916, 568 en 1917, 293 en 1918; depuis la fin de la guerre, on note une forte poussée d'importations qui semble marquer le retour à une situation plus normale. Du fait de la guerre qui occupait ses concurrents commerciaux, le Japon a pu conquérir de nouveaux marchés. De 1913 à 1915, ses exportations en Russie avaient augmenté de 870 pour 100. De 1913 à 1917, ses exportations vers le Royaume-Uni ont passé de 2 milliers de yen à 10977 pour le zinc, de 5207 à 30642 pour le cuivre, de 145 à 2604 pour les conserves. Il y a dans cette progression une forte hausse qui résulte de l'augmentation des prix, de sorte que l'accroissement du trafic réel ne correspond pas à l'accroissement des valeurs; mais, sauf pour quelques marchandises (en 1918, la houille, la soie écrue, le fil de coton), il y a eu réellement augmentation des quantités de marchandises exportées.

Ce développement du commerce extérieur, caractérisé par la supériorité des exportations, a fait affluer l'or au Japon. La réserve d'or du Japon montre la progression suivante:

fin 1913. . . .	370	millions de yen;
— 1914. . . .	340	— ;
— 1915. . . .	510	
— 1916: . . .	710	—
— 1917. . . .	1 120	—
— 1918. . . .	1 600	—

Le Japon, devenu riche, rembourse ses dettes étrangères. A la fin de mars 1918, sa dette extérieure n'était plus que de 1 320 millions de yen (le yen, à 2 fr. 58) au lieu de 1500 en 1915.

Mais surtout, ayant de fortes disponibilités d'or, le Japon devient un pays prêteur; il prête à ses anciens créanciers, même à l'Angleterre. En juillet 1916, sa bonne situation sur le marché américain lui permet de prêter à l'Angleterre, laquelle doit payer des fournitures aux États-Unis, cinquante millions de dollars qu'il possède à New-York. En novembre 1916, nouvel emprunt britannique de cent millions de yen pour soutenir le change britannique à New-York; en mars et juin 1917, émission de bons du Trésor français au Japon pour la valeur de 76 millions de yen ; au début de 1918, nouvel emprunt britannique de 100 millions de yen ; en outre, au cours de la guerre, émission de bons du Trésor russe. Au début de 1918, les avances du Japon aux Alliés s'élevaient à environ 500 millions de yen. A ces sommes il faudrait ajouter de forts placements aux États-Unis et en Chine[1]. De débiteur le Japon est ainsi devenu créancier ; sa fortune a prodigieusement monté. Ceux qui ont voyagé au Japon depuis le début de la guerre ont pu constater les changements matériels que cet enrichissement a provoqués dans l'aspect de la ville de Tokio et dans l'existence des Japonais : avant la guerre, sauf en de rares quartiers, la cité paraissait tranquille et endormie ; elle rappelle maintenant par l'intensité de son mouvement la fièvre des cités de l'Occident ; les boutiques de luxe, les maisons de style américain se multiplient ; dans les rues, les automobiles se pressent. « Les femmes de Tokio,

1. D'après l'*Annuaire financier et économique du Japon*, année 1918, le montant total des capitaux placés à l'étranger par le Japon atteignait 1 159 millions de yen (près de 3 milliards de francs), dont 530 de fonds anglais, 254 de fonds russes, 155 de fonds français, 220 d'emprunts extérieurs et d'obligations rachetés sur les marchés étrangers.

écrit-on dans l'Asie française d'avril 1918, déploient de magnifiques vêtements, des soieries de couleurs gaies, des ceintures rutilantes d'or, et l'on voit à leurs doigts des bagues qu'elles n'avaient jamais connues jusqu'ici ; il y a maintenant une classe de parvenus qui contraste avec l'ancien idéal de simplicité presque spartiate de celui des meilleurs éléments du Japon. »

Partout, au Japon, les affaires montent, les entreprises se fondent. De juillet 1914 à janvier 1918 le capital des banques de Tokio s'accroît de 20 pour 100 ; celui des banques d'Osaka, de 245 pour 100, s'élevant de 233 à 805 millions de yen. En quatre ans, les dépôts des Caisses d'Épargne se sont accrus de 110 pour 100. Les actions de la Banque du Japon, cotées 502 yen en janvier 1914, valaient 770 yen en janvier 1918. Presque toutes les entreprises industrielles paient de gros dividendes : en 1917, les usines métallurgiques d'Osaka, 25 pour 100 ; les docks Kawasaki, 40 pour 100 ; la Compagnie orientale des filatures, 60 pour 100[1].

1. L'*Annuaire financier et économique du Japon*, année 1918, donne pour juillet 1914 et juillet 1918 un résumé de la situation

Ainsi, la guerre a accru la richesse du Japon; avec ces nouveaux capitaux, il étend son crédit et son commerce ; il vise la conquête financière des pays étrangers ; au début de 1919, le ministère des Affaires étrangères de Tokio créait un bureau des placements et emprunts intéressant la Chine et la Sibérie. En Extrême-Orient, la puissance financière du Japon se consolide; le yen japonais fait prime, comme le dollar américain; de 2 fr. 58 avant la guerre, il passe à 3 fr. 09 en juin 1917, à 5 fr. 50 le 27 janvier 1920; cette hausse des changes, ruineuse pour le commerce européen, laisse le champ libre au commerce japonais.

En somme, c'est au détriment de l'Europe que, durant la guerre, les États-Unis et le Japon ont fondé leur suprématie financière. Mais cet enrichissement n'est que le signe d'un mouvement de croissance qui pousse ces pays, chaque

financière du Japon. Voici la situation comparée, à ces deux dates (en millions de yen) des banques de Tokio et d'Osaka. *Banques syndiquées de Tokio.* Capital versé, 143 en 1914 contre 202 en 1918; dépôts, 439 contre 1663; fonds prêtés et effets escomptés, 490 contre 1407. — *Banques syndiquées d'Osaka.* Capital versé, 50 contre 94; dépôts, 233 contre 1081; fonds prêtés et effets escomptés, 319 contre 991.

jour plus hardiment, sur le terrain de la concurrence universelle. Les États-Unis, qui prêtent à l'Europe, se préparent à la remplacer sur ses domaines d'expansion et, tout d'abord, à lui ravir l'Amérique du Sud. Le Japon, de son côté, organise sa pénétration sur les marchés d'Extrême-Orient. Sur tous les terrains, les conséquences de la guerre se font sentir dans la situation de l'Europe. Sur le terrain industriel, la grande usine européenne s'était brusquement ralentie, voire même arrêtée ; elle dut produire pour la guerre et délaisser ses clients d'outre-mer ; elle voit maintenant ses rivaux installés sur ses anciens marchés ou bien ses anciens clients outillés pour produire eux-mêmes. Dans le domaine maritime, la flotte européenne, surmenée ou décimée, ne pouvait plus suffire aux transports du monde ; États-Unis et Japon ont construit assez de bateaux pour prétendre au rôle de rouliers des mers. Au cours de quatre siècles de négoce et de colonisation, l'Europe avait bâti sa fortune sur l'exploitation de l'univers. Agent financier, commercial, manufacturier, colonisateur, elle avait en quelque sorte mis le monde en régie.

Le moment paraît venu pour elle de faire une place aux autres; sa fortune commence à passer entre leurs mains. Cette révolution économique s'annonce comme un événement géographique de portée universelle et de conséquence incalculable.

CHAPITRE III

LA PUISSANCE MARITIME

L'une des richesses de l'Europe, la plus personnelle peut-être, lui venait de la maîtrise des océans et de la suprématie dans les transports internationaux. La guerre a mis au premier plan sur les grandes routes maritimes deux autres champions, les États-Unis et le Japon. Parvenus tous deux à la situation de grands pays exportateurs, ils veulent desservir leurs débouchés commerciaux par leurs propres navires. La guerre leur en a donné les moyens ; elle les a même obligés à les créer.

Le tonnage disponible pour les transports du monde avait subitement diminué dès l'ouverture des hostilités dans d'énormes proportions ; six millions et demi de tonnes appartenant aux ennemis de l'Entente furent immobilisées dans leurs ports nationaux ou dans les ports neutres; dix millions de tonnes de navires alliés, réquisitionnées pour la guerre, furent enlevées au trafic commercial: c'était une diminution de presque un quart dans le tonnage de la flotte marchande du monde; même avant le développement de la guerre sous-marine, au mois de juillet 1915, le cours du fret avait quintuplé pour le coton, plus que quadruplé pour les grains, presque triplé pour la farine par rapport aux prix d'août 1913. Puis vinrent les torpillages qui ouvrirent de larges brèches dans les flottes marchandes; les pertes s'élevèrent au total de 12750000 tonnes, dont 8000000 pour la Grande-Bretagne, 2500000 pour les Alliés, 2500000 pour les neutres; la seule année 1917 figure pour 7500000 tonnes dans ce bilan de destruction. La Grande-Bretagne et la France avaient été particulièrement éprouvées, perdant l'une plus de 20 pour 100 de son tonnage, l'autre près de 30 pour 100. Malgré l'intensité des constructions navales pendant la guerre, les constructions nouvelles n'avaient jamais pu parer au déficit.

Pour la propriété ou l'usage d'un bateau, la surenchère ne connut plus de loi; ce fut l'âge d'or des armateurs. Des États-Unis en Angleterre, le fret du coton pour cent livres poids s'éleva de 25 cents en juillet 1914 à 40 en septembre, 50 en novembre, 1 dollar en janvier 1915, 3 dollars en janvier 1916 et 5 dollars en décembre 1916. Le 1er juin 1917, un marché de fret pour une tonne de café de Rio de Janeiro à Marseille fut conclu à 400 shillings; en octobre 1917, on paya 600 shillings par tonne pour du riz transporté de Birmanie à Cette. Pour un même type de navire jaugeant 2 250 tonnes, une firme britannique de construction navale demandait 17500 livres sterling en février 1910, 21500 en mai 1914, 32000 en janvier 1915. Au courant de l'été 1917, le gouvernement français paya 475000 livres sterling un vieux navire qui, dix années auparavant, avait été vendu 32000 livres sterling aux Japonais[1].

Devant une pareille pénurie de tonnage, il y avait nécessité pour les États-Unis et le Japon d'accroître leur flotte commerciale afin d'assurer les transports dont l'Europe n'était plus capa-

1. Voir *Journal des Économistes*, 1917, p. 371-372 et J. R. Smith, *Influence of the Great War upon Shipping*. New-York, 1919, p. 33.

ble. Une fois entrés en guerre, les États-Unis, de leur côté, comprirent qu'ils ne pourraient mobiliser leurs énormes ressources qu'en construisant des bateaux. Ainsi se sont développées de jeunes et puissantes flottes qui, depuis la fin de la guerre, se rencontrent sur les grandes routes du monde avec les flottes européennes. On peut, dès maintenant, suivre leurs efforts et mesurer leurs progrès.

I

LA FLOTTE DES ÉTATS-UNIS

Jusqu'à la guerre, les États-Unis avaient donné l'exemple paradoxal d'un grand pays industriel qui ne possédait pas de grande flotte océanique et qui confiait à d'autres ses transports maritimes. Durant la première moitié du XIXe siècle, tant que les navires se construisirent en bois, ils avaient eu la plus grande marine marchande du monde; mais, dès le triomphe du navire en fer, la Grande-Bretagne les avait supplantés; d'autre part, attirés par la colonisation des Prairies et du Far West, les

Américains tournaient le dos à la mer. Le pavillon américain disparut peu à peu des océans. De 1861 à 1913, la proportion (en valeur) des marchandises importées aux États-Unis sous pavillon américain avait baissé de 60,1 à 11,4 pour 100 ; celle des marchandises exportées, de 72,1 à 9,1. Durant la même période, le tonnage des navires de haute mer tombait de 2 547 000 à 1 028 000 tonnes, plaçant les États-Unis à la suite de la Grande-Bretagne, de l'Allemagne et de la Norvège[1]. En 1912-1913, dans le mouvement des ports de l'Union, la part du pavillon américain était de 14 pour 100 contre 52 au pavillon britannique et 12 au pavillon allemand.

Le développement des manufactures et l'essor de l'empire colonial avaient déjà ramené les esprits vers la flotte nationale. Mais, sous la pression de la guerre, à cause de la défaillance des marines européennes et devant la nécessité de transporter vivres et matériel vers le vieux continent, les États-Unis en sont venus à construire beaucoup de navires et à consti-

1. Dewavrin, *Journal des Économistes*, 1917, III, p. 364 365.

tuer une flotte ; ils ont entrepris cette œuvre avec les moyens formidables que leur assure leur production de houille et de fer. L'avènement d'une grande flotte de commerce américaine doit être considéré comme l'un des faits capitaux de la géographie économique de l'époque présente.

Les constructions navales. — De toutes parts, on déclare en Amérique que jamais plus les États-Unis ne commettront cette folie de confier leur commerce extérieur à des cales étrangères. La construction d'une flotte marchande est considérée comme une œuvre nationale ; la guerre en avait démontré l'urgence ; on voulut l'accomplir sur un plan gigantesque qui fût à la mesure des moyens de construire et des besoins de transporter des États-Unis. C'est l'État lui-même qui, pour concentrer toutes les forces de production du pays, prit en main la constitution de la flotte nationale. Le 7 septembre 1916, alors que les États-Unis gardaient encore la neutralité, fut créé le Shipping Board, composé de cinq membres nommés par le Président avec l'approbation du

Sénat et présidé par Mr E. N. Hurley. Le 16 avril 1917, le Shipping Board constitua une société au capital de 50 millions de dollars qui fut chargée des constructions navales; cette société, Emergency Fleet Corporation, eut pour directeur général, à partir du mois d'avril 1918, M. Charles Schwab, le directeur de la grande société métallurgique, Bethlehem Steel Corporation. Le Shipping Board est le maître souverain de la construction; émanation de l'État, il dirige l'effort national, avance l'argent, fixe les prix, réquisitionne la main-d'œuvre, contrôle la production. Jamais programme de construction navale n'avait porté sur des sommes aussi prodigieuses, ni connu pareille rapidité d'exécution; au début de 1919, les sommes engagées et dépensées s'élevaient à 3 milliards 300 millions de dollars; dans le courant de la même année, la production de certains mois marchait à raison de plus de 300 000 tonnes; au même moment, de nouveaux milliards étaient prévus pour la continuation du programme, et l'on envisageait pour la fin de 1919 l'exécution du programme entier s'élevant à 12 millions de tonnes.

Charbon et fer, les États-Unis possèdent en masse les éléments primordiaux de la construction navale. Le navire en acier demeure par excellence l'engin moderne des transports rapides au long cours ; c'est toujours lui qui donne la mesure de la valeur et de la puissance d'une flotte. Mais le désir d'aller vite et de construire malgré la pénurie momentanée d'acier qu'avait provoquée une demande aussi colossale, ramena l'attention des ingénieurs américains sur les navires en bois ; quelques armateurs considéraient même une flotte en bois rapidement construite comme le moyen d'assurer, une fois la guerre finie, les relations des États-Unis du Sud avec l'Amérique latine ; on fit donc place aux navires en bois dans les programmes de construction, mais sans leur donner la primauté.

Au reste, cette construction, exigée par les circonstances, n'a pas été poursuivie sur la même échelle qu'au début ; on commençait à craindre pour les ressources en bois du pays ; les forêts souffraient d'une exploitation abusive ; les chantiers du Golfe du Mexique ne s'approvisionnaient pas en bois sans peine ; de plus, on n'avait pas intérêt à multiplier dans la flotte ces navires lents qui auraient diminué sa portée universelle. Sur le tonnage nouveau dont on put disposer en 1918, un cinquième à peine était en bois ; et même, depuis lors, on a bien raréfié les commandes. C'est la même fièvre de construire et de créer du tonnage qui poussa le Shipping Board à entreprendre la construction de navires en ciment armé.

Ce qu'ont entrepris les chantiers des États-Unis dépasse, comme effort de création, tout ce qu'aucun pays a jamais exécuté. On appliqua à la construction des navires les méthodes de la grande industrie américaine ; on réduisit les navires à quelques types standardisés qu'on bâtit en série et l'on spécialisa chaque chantier dans la construction d'un même type. Les chantiers poussèrent sur les rivages américains comme des champignons, à la manière de ces villes de l'Ouest qui ont surgi de terre en quelques semaines. A la fin de 1918, les États-Unis possédaient 203 chantiers de construction navale dont 77 pour les navires en acier, 117 (plus nombreux, mais plus petits) pour les navires en bois, 2 pour les navires en acier et en bois, 7 pour les navires en ciment armé ; il y avait alors 810 cales de construction dont 410 pour les navires en acier ; les chantiers occupaient 386 000 ouvriers au lieu de 50 000 en juillet 1916 ; ils payaient par semaine 10 500 000 dollars de salaires[1].

Ces chantiers se répartissent en trois grands groupes : le groupe de l'Est, le groupe du Sud et le groupe de l'Ouest. Dans l'Est, sur la côte dont la Pennsylvanie métallurgique forme l'arrière pays, au bord des longs estuaires qui font pénétrer la marée à l'intérieur des terres, travaillent de puissants chantiers sur les rivages de la baie de Chesapeake (Newport News, Baltimore), de la Delaware River (Philadelphie), de la baie de Newark. Le groupe de la Delaware dépasse maintenant le groupe de la Clyde qui depuis de longues années détenait le record de la production mondiale ; un seul chantier, celui de Hog Island, dont l'emplacement a dû être conquis sur des marais, possède à lui seul 50 cales et il est équipé pour produire plus de tonnage annuellement que tous les chantiers

1. Voir *Emergency Fleet News*, journal publié par la U. S. Shipping Board Emergency Fleet Corporation, *passim*.

britanniques d'avant guerre[1]. Au même groupe de l'Est appartiennent les nombreux chantiers qui s'échelonnent sur la côte de la Nouvelle-Angleterre : Bath, Portsmouth, Quincy, Groton, Bridgport, Boston, Providence. Dans le Sud, non loin des grandes forêts de pins jaunes, dans les ports comme Savannah, la Nouvelle-Orléans, Orange, Houston, Mobile, se dressent des centaines de coques en bois. Dans l'Ouest, sur la côte du Pacifique, de puissants chantiers se sont fondés, à San Diego pour des navires en acier, à Los Angeles pour des navires en ciment; le climat de ces rivages subtropicaux est si doux que le travail ne s'interrompt pas pendant la mauvaise saison et que

1. Le groupe des chantiers de construction de la Delaware River, avec près de 100 000 ouvriers et 150 cales, dépasse maintenant tous les autres groupes du monde. Parmi les principales firmes, on peut citer : American International Ship Building Corporation à Hog-Island (50 cales); Bethlehem Ship Building Corporation et la maison Pusey and Jones, à Wilmington; Chester Ship Building C° et Sun Ship Building C°, à Chester; New-York, Pennsylvania and New-Jersey Ship Building C°s, à Camden; William Cramp Ship Building C° et Traylor Ship Building C°, à Philadelphie; Merchant Ship Building C°, à Bristol. — C'est à Philadelphie que se trouvait pendant la guerre l'administration de l'Emergency Fleet Corporation.

les salles des machines n'ont qu'un toit et pas de murs ; mais deux districts l'emportent sur les autres et se posent en rivaux de la Delaware et de la Clyde : celui d'Oakland sur la baie de San Francisco et celui du Puget Sound (Seattle, Tacoma).

Presque toutes ces entreprises, jeunes et puissantes, équipées à la moderne, outillées à l'américaine, sont parvenues à construire en peu de temps des tonnages dont la seule pensée n'aurait avant la guerre rencontré que des incrédules. Une comparaison des tonnages lancés de 1914 à 1918 par les chantiers américains, britanniques et français permet de constater le surprenant essor de la construction américaine, la fin de la suprématie de la construction britannique et la chute lamentable de la construction française.

CONSTRUCTIONS NAVALES

Tonnage lancé en :	États-Unis	Royaume-Uni	France
	—	—	—
1914.	200 762	1 683 530	114 052
1915.	177 460	650 919	25 402
1916.	504 247	608 235	42 750
1917.	997 919	1 162 896	18 828
1918.	3 033 030	1 348 120	13 715

Ce tonnage représente pour les États-Unis toute une série de records qui nulle part n'avaient été atteints. Pour l'année se terminant le 30 juin 1919, on a construit aux États-Unis 2 241 navires, soit 3 860 484 tonnes brutes ou les deux tiers de la production mondiale. Dans le seul mois de mai 1919, 136 navires ont été construits avec une jauge brute de 511 014 tonneaux. Le charbonnier *Tuckahoe* de 5 500 tonnes a été construit en 27 jours (1918). En fait, la construction navale des États-Unis est maintenant la première du monde ; elle possède plus de chantiers, plus de cales, plus d'ouvriers, plus de capacité de production que tout autre pays, y compris le Royaume-Uni. Elle ne travaille pas seulement pour les armateurs nationaux ; comme la construction britannique, elle vend des navires à l'étranger ; les chantiers américains reçoivent des commandes du Brésil, de la Norvège, de la France, du Japon, de la Grande-Bretagne. La rareté des navires est si grande par le monde que les demandes affluent de partout et que les prix de vente atteignent des sommes qui auraient paru insensées avant la guerre ; au mois de juin 1919, un syndicat britannique offrait 135 millions de dollars pour acheter la flotte de 80 navires, propriété de l'International Mercantile Marine Company; les États-Unis deviennent un marché de navires. Quand ils auront monté leur propre flotte, ils seront les fournisseurs du monde; à la fin de mars 1919, sur un tonnage brut en construction atteignant 7 796 000 tonnes pour le monde entier, on en trouvait 4 185 500 aux États-Unis et 2 254 850 dans le Royaume-Uni.

En moins de deux années, les États-Unis auront réalisé le prodige de créer une flotte marchande qui possède le second rang dans le monde, toujours dépassée par la flotte britannique, mais dépassant elle-même de beaucoup celle des autres nations ; ils peuvent à bon droit penser qu'elle conquerra le premier rang. Leur tonnage de haute mer (navires de 1 000 tonnes de jauge brute et au-dessus) a passé de 1 080 000 tonnes en juin 1914 à 2 200 000 en juin 1916, 2 880 000 en septembre 1917, 6 400 000 en septembre 1918, 7 300 000 en juin 1919. Tandis qu'en 1914 leur flotte était le dixième de la flotte britannique, elle en est maintenant presque la moitié[1].

1. Cf. *Revue de la Marine marchande*, juillet 1919, p. 391-392.

C'est avec un légitime orgueil que les Américains contemplent maintenant leur marine et qu'ils devinent son avenir. « Nous sommes aujourd'hui, disait M. Hurley en mars 1919, en puissance la plus grande nation maritime du monde pour la raison que nous possédons la plus grande organisation de construction de navires... L'avenir s'ouvre brillant pour les Américains qui voudront prendre le métier de la mer. » Déjà cette heureuse fortune se réalise ; la flotte américaine prend chaque jour une place plus grande dans le commerce extérieur des États-Unis ; elle tend à éliminer la suprématie britannique. Avant la guerre, les navires britanniques assuraient 49 pour 100 du transport des marchandises à l'importation des États-Unis, et 57,7 pour 100 à l'exportation ; la proportion est tombée, au début de 1919, respectivement à 17,8 et à 48,4 pour 100. Avant la guerre, le pavillon américain couvrait 11,5 pour 100 des importations et 8,6 pour 100 des exportations ; maintenant (début de 1919) il couvre 27,8 des importations et 18,7 pour 100 des exportations. Les Américains reviennent au commerce de mer ; dans ce retour à la carrière de l'Océan, ils brûlent les étapes et menacent les positions de l'Europe.

Les relations maritimes. — Cette flotte marchande devient un outil puissant d'expansion commerciale. On voit son effort s'orienter nettement déjà vers l'Amérique du Sud. Les exportations des États-Unis vers l'Amérique latine et particulièrement vers ses parties tropicales ne cessent pas de grandir, ni les échanges généraux de s'accroître parce que les deux continents, si différents par l'évolution économique, sont solidaires l'un de l'autre, l'un fournissant ses articles manufacturés, ses machines, son charbon et son fer, l'autre ses minerais de cuivre, d'étain et de manganèse, ses nitrates, ses produits de cueillette et de plantation. Pour cimenter cette solidarité, pour accaparer ces échanges, il faut dominer les moyens de transport.

Une lutte ardente s'engage autour de l'Amérique latine. L'expansion des États-Unis y rencontre deux obstacles : d'abord le quasi-monopole dont jouissait la flotte européenne avant la guerre ; ensuite, les tendances nationales qui poussent chaque État à se créer une flotte. Le monopole de l'Europe et, plus particulièrement, la prépondérance britannique, repose, surtout en Argentine, sur des fondements solides. Tandis que l'exportation argentine comprend des produits dont les États-Unis n'ont pas besoin puisqu'ils en exportent, elle trouve un débouché en Grande-Bretagne, pays industriel dont les agglomérations urbaines consomment des masses de céréales et de viande ; réciproquement, les articles manufacturés de la Grande-Bretagne se vendent en Argentine. Un tiers du commerce extérieur de l'Argentine se fait avec la Grande-Bretagne ; il sera difficile aux États-Unis d'enlever ce marché à l'influence britannique et, par suite, à la flotte britannique. Les marchés brésiliens et chiliens sont plus aisés à conquérir ; mais les États-Unis y ont rencontré, toujours tenace et hardie, l'entreprise britannique ; dès la fin de la guerre, la Grande-Bretagne a su rendre vite disponible, pour la reprise du commerce, une partie de la flotte réquisitionnée ; et, dès le mois de décembre 1918, elle pouvait transporter de Liverpool à Rio de Janeiro des marchandises pour un prix moitié moindre que le fret en provenance de New-York; et l'on se plaignait amèrement, dans le monde américain des affaires, de ce que des contrats signés pour le transport de marchandises vers l'Amérique du Sud fussent annulés trop souvent. D'autre part, chaque pays de l'Amérique latine s'efforce d'opérer lui-même ses transports. En Argentine, on vient de constituer une société de navigation à vapeur sous pavillon national; des navires argentins assurent déjà des transports réguliers entre le Brésil et Buenos-Aires et vice-versa, portant vers le Nord des céréales, vers le Sud du sucre, du cacao, du tabac, du charbon. De même, le Brésil veut s'équiper pour transporter ses marchandises en Europe; la compagnie du Lloyd Brazileiro possède déjà une flotte de 400 000 tonnes; une ligne régulière dessert, avec escales à Lisbonne et à Porto, les ports de France et d'Angleterre où elle transporte viande congelée, sucre et caoutchouc; une autre ligne unit Rio de Janeiro aux ports de la Méditerranée, une autre à New-York. Ces flottes nationales portent atteinte au trafic européen; elles limitent aussi le terrain que peuvent gagner les États-Unis. Malgré tout, l'esprit d'entreprise yankee a déjà porté de rudes chocs au monopole commercial de l'Europe en Amérique du Sud. Sur les principales routes océaniques qui mènent vers l'Amérique latine, on voit se presser chaque jour davantage les bateaux des États-Unis. Déjà depuis 1917 fonctionne une ligne régulière entre New-York et le Chili, desservie par six grands vapeurs de la Compagnie Grace qui sortent des chantiers de Philadelphie ; chaque voyage dure dix-sept à dix-huit jours ; le trajet qui se fait par le canal de Panama comprend des escales à Colon, Callao, Mollendo, Arica, Iquique, Antofagasta, Coquimbo, Valparaiso ; à Valparaiso, ces paquebots correspondent avec le chemin de fer transandin à destination de Buenos-Aires. Dans l'Atlantique, des relations régulières sont organisées avec toute la côte orientale de l'Amérique du Sud. La compagnie de navigation à vapeur Philadelphia and South America dessert, depuis la fin de 1916, Rio de Janeiro, Montevideo, Buenos-Aires et Rosario ; une autre unit New-York à Buenos-Aires, une autre Baltimore au Rio de la Plata, une autre depuis le début de 1917 New-York à Santos et-Rio de Janeiro, une autre enfin Boston et l'Argentine. Au début de 1919, avec un certain nombre de bateaux allemands attribués aux États-Unis, on préparait la formation d'autres lignes vers la côte atlantique et vers la côte pacifique de l'Amérique du Sud : le Shipping Board espérait disposer, pour ces lignes, de quatorze gros navires, et les mettre en service avant la fin de 1919. Ainsi s'établissent d'étroites relations par navires américains entre les deux continents américains ; c'est l'ébauche d'un réseau de communications qui doit peu à peu s'étendre au monde entier. On le voit déjà s'éloigner des eaux américaines et gagner les mers lointaines; l'American Asiatic Steamship C° exploite une ligne vers l'Extrême-Orient (New-York, Vladivostok, Yokohama, Kobe, Shanghaï, Hong-Kong, Manille, Singapore) ; la Compagnie Grace a des services réguliers de New-York, de San-Francisco, de la Nouvelle-Orléans et de Seattle vers Shanghaï. Le Bureau de la Navigation américain vient de créer, au début de 1919, une organisation permanente destinée à obtenir de la flotte nationale le plus grand rendement possible ; des bureaux ont été ouverts à Paris, Londres et Rome ; d'autres vont s'installer à Shanghaï, Yokohama, Bombay, Gênes, Buenos-Aires, Valparaiso, Rio de Janeiro, Rotterdam et Anvers ; c'est jusqu'en Extrême-Orient et en Europe que le pavillon étoilé se prépare à se rencontrer en rival avec les pavillons de l'Europe et du Japon.

La domination des routes maritimes. — Cet esprit d'entreprise maritime, qui entraîne les États-Unis, mène tout naturellement leurs navires vers l'Océan Pacifique, l'océan des pays jeunes, comme vers un nouveau Far West. Les rives du Grand Océan ne comprennent pas seulement les pays neufs des deux Amériques et de l'Australasie qui sont des colonies de peuplement blanc, mais encore les pays d'Extrême-Orient avec leur civilisation originale, leurs fourmilières humaines, leurs sociétés agricoles, leurs antiques traditions où commencent à s'agiter les ferments de la vie moderne. C'est afin d'assurer les communications de leur grande région industrielle de l'Est avec ces immenses débouchés des deux rives du Pacifique que les

États-Unis ont voulu conquérir la domination des grandes routes qui mènent de l'Atlantique vers le Pacifique.

On sait que les États-Unis, afin de construire le Canal de Panama et d'en contrôler le trafic, ont acquis la propriété de ses rives sur une certaine largeur et établi une sorte de protectorat financier sur la jeune république de Panama. Tout autour de la mer des Antilles, ils ont brisé le cercle des vieilles possessions de l'Europe; l'Espagne a perdu Cuba et Porto-Rico; l'influence yankee domine Haïti et Saint-Domingue. Depuis longtemps, les États-Unis ont proclamé quel intérêt ils avaient à posséder les îles qui commandent le passage de l'Atlantique au Pacifique; ils ont souvent déclaré que leur souveraineté serait mise en cause par tout changement politique dans la Mer des Antilles et qu'ils s'opposeraient à ce qu'une partie quelconque de l'hémisphère occidental fût cédée à une puissance européenne. A la fin de 1916; pour 25 millions de dollars, ils achetaient les Antilles danoises, où Saint Thomas était devenue une florissante escale des navires de la Hamburg-Amerika. La Mer des Antilles tend ainsi à devenir un lac américain. Il n'est pas douteux que la force des choses n'amène les États-Unis à compléter ce cercle stratégique par l'achat des autres Antilles, possessions de la France, de l'Angleterre et de la Hollande qui, de Porto-Rico et Saint Thomas, s'allongent en un grand arc jusques aux côtes de l'Amérique du Sud. L'idée n'est pas nouvelle. En 1895, on avait déjà envisagé l'achat des Antilles hollandaises (Curaçao), car, disait Olney, « trois mille milles de distance rendent toute union permanente entre une nation européenne et un territoire américain peu naturelle et peu pratique. » Certains Américains, songeant aux dettes que l'Europe a contractées dans leurs pays, se demandent si la Grande-Bretagne et la France ne préfèreront pas se libérer en vendant aux États-Unis certaines de leúrs colonies qui surveillent les voies d'accès au Canal de Panama.

La même nécessité de dominer la grande route interocéanique pousse les États-Unis à en posséder non seulement les approches maritimes, mais encore les approches terrestres. En fait, toute la région des isthmes de l'Amérique Centrale se trouve sous leur contrôle. Un récent traité avec le Nicaragua leur octroie le droit d'établir une base navale dans la baie de Fonseca, sur la côte du Pacifique ; à l'autre extrémité de la dépression des lacs nicaraguéens, ils projettent un établissement militaire dans les îles Corn ; une voie ferrée doit unir les deux côtes. D'autre part, des négociations ont commencé avec la Colombie afin d'obtenir deux îles du Pacifique qui commandent le débouché de la longue dépression de l'Atrato, autre passage interocéanique. Ainsi établis à Panama, dans le Nicaragua et près de l'Atrato, les États-Unis domineraient les trois grandes voies naturelles qui permettent, à travers l'Amérique Centrale, les communications entre les deux Océans.

Pour dominer les routes commerciales que doivent suivre les navires, il ne suffit pas de leur donner des points d'appui territoriaux ; il faut les munir des moyens de communication à longue distance qui assurent la transmission rapide des nouvelles, des commandes et des ordres ; la prééminence maritime suppose la possession d'un réseau de câbles. Déjà, le grand câble du Pacifique unit San-Francisco à Manille en passant par Honolulu, Midway Island et Guam Island, toutes terres américaines. Mais les États-Unis cherchent d'autres réalisations, nécessaires et prochaines ; en vue de leur commerce avec l'Amérique du Sud, ils veulent se libérer du monopole britannique ; grâce aux efforts de la Central and South American Telegraph C° et de son affiliée la Mexican Telegraph C°, un système de fils entièrement américains aura bientôt relié les États-Unis à toutes les nations de l'Amérique du Sud. Les lignes mexicaines et centre-américaines de cette compagnie quittent le territoire de l'Union à Galveston et atteignent les ports pacifiques du Guatemala, du San Salvador, du Nicaragua et du Costa Rica après avoir traversé l'isthme de Tehuantepec. Les lignes sud-américaines vont directement de New-York à Colon avec un relai à Guantanamo (Cuba). De Panama elles s'avancent vers le Sud jusqu'à Valparaiso, avec trois relais, à Santa-Elena (Equateur), Chorillos (Pérou) et Iquique (Chili). La Central and South American Company possède aussi la ligne continentale qui, franchissant les Andes, gagne Buenos-Aires. Après de longues années de persévérance, elle a réussi à pénétrer au Brésil malgré le monopole de la British Western Telegraph ; en 1917 la Cour Suprême du Brésil a autorisé l'établissement de deux lignes américaines de Buenos-Aires à Rio de Janeiro et à Santos ; ces lignes n'ont pas encore pu être construites par suite du retard de la livraison des câbles qui se fabriquent en Angleterre ; mais, quand elles seront terminées, le Brésil sera réuni au réseau américain, et les principaux centres de l'Amérique latine communiqueront avec les États-Unis par câble américain[1]. C'est dans le même esprit qu'on a entrepris un réseau de télégraphie sans fil : une compagnie, de fondation récente, doit construire à Buenos-Aires une station qui communiquera directement avec New-York.

Ainsi la maîtrise des routes océaniques, lentement préparée avant la guerre, s'impose à la politique américaine depuis que les États-Unis sont devenus un grand pays de transports maritimes. La fortune du pays était jusqu'ici sur terre ; elle était dans ses champs, ses mines, ses usines. Désormais elle gît aussi sur l'eau,

1. Voir *The Americas,* mars 1918, p. 9-10.

avec les marchandises qu'il exporte et avec les navires de sa flotte commerciale ; c'est une forme nouvelle de la propriété nationale. Cette importance du commerce maritime, assuré par une flotte indigène, est une idée chère aux Américains. Personne ne l'a mieux exprimée que le Président Wilson, dans les discours où il s'efforce de montrer que les États-Unis ont besoin d'une marine pour transporter eux-mêmes leurs marchandises sans dépendre des autres peuples. Rien n'est plus significatif pour l'avenir maritime des États-Unis, avenir qu'ils ne séparent jamais, eux-mêmes, en leur pensée, de l'avenir de leurs relations avec l'Amérique latine. « Vous savez que, par une imprévoyance qu'on ne devrait pas pouvoir attendre de l'Amérique, nous avons négligé pendant plusieurs générations de créer les moyens de gérer nous-mêmes notre propre commerce sur les mers et, par suite, nous sommes à cet égard tributaires des autres nations dans une très large mesure ; nous dépendons d'elles présentement pour le transport de nos marchandises, justement à cette heure où elles sont entraînées dans la guerre[1]. »

1. Discours de Pittsburgh le 29 janvier 1916 (Président

« ...Il est temps de reconquérir notre indépendance commerciale sur les mers... Nous n'avons pas à nous le nombre de navires suffisant. Nous ne sommes pas en état d'administrer nos propres affaires sur les mers. Notre indépendance est limitée à notre territoire, au continent; elle finit à nos frontières. Il ne nous paraît même pas permis d'employer les navires des autres nations dans les cas où nous ferions concurrence aux marchands de ces nations et nous n'avons aucun moyen d'étendre notre commerce même quand les débouchés sont largement ouverts et que nos marchandises sont demandées. Cette situation est intolérable. Il est essentiel non seulement que les États-Unis assurent eux-mêmes le transport de leurs produits sur les mers et jouissent de l'indépendance économique que seule leur garantira une marine digne de sa tâche, mais il faut encore que l'hémisphère américain, considéré comme formant un tout, jouisse d'une indépendance analogue et se suffise pareillement..... Nous ne saurions

W. Wilson. *Messages, discours, documents diplomatiques...* Traduction par Désiré Roustan, éditions Bossard. Paris, 1919, tome I, p. 59).

poursuivre avec succès une véritable politique américaine si nous n'avons pas nos navires à nous, non point des navires de guerre, mais des navires de paix, qui transporteront les marchandises et bien davantage, créeront des relations amicales, et rendront des services indispensables, de toute nature, sur cette rive de l'Océan. Il faut qu'ils aillent et viennent sans trêve entre les deux Amériques. Eux seuls seront la navette qui fabriquera ce fin tissu, fait de sympathie, de compréhension, de confiance, de dépendance mutuelle, dont nous voulons parer notre œuvre résumée en cette formule : l'Amérique aux Américains[1]. »

II

LA FLOTTE DU JAPON

En Extrême-Orient, le Japon se trouvait en plein essor économique lorsque la guerre éclata. Les dernières années du XIXe siècle et les premières du XXe avaient été pour lui une

1. Discours annuel au Congrès, 7 décembre 1915 (Président Wilson. *Discours*... Traduction D. Roustan, tome I, p. 46-47).

ère de progression ininterrompue. Partie de 17000 tonnes en 1868, sa flotte marchande à vapeur atteignait 1 514000 tonnes èn 1913, prenant le sixième rang dans le monde ; elle assurait déjà près de la moitié du trafic extérieur de l'Empire. Avec la guerre, un champ libre s'ouvrit devant elle ; il fallut remplacer les navires européens sur les places qu'ils désertaient. En peu de temps, l'armement japonais réalisa d'énormes bénéfices ; certaines compagnies secondaires purent distribuer en 1915-1916 des dividendes de 220 et même de 600 pour 100. La Nippon Yusen Kaisha a porté le sien de 10 pour 100 en 1914 à 51 en 1917 et 60 en 1918 ; l'Osaka Shosen Kaisha, de 10 pour 100 en 1914 à 45 en 1917 ; la Toyo Kisen Kaisha, de 0,10 pour 100 en 1914 à 42,5 en 1917. Par la vente de vieux navires, certains armateurs ont réalisé des gains prodigieux. On cite le *Wada-Maru* de 4400 tonnes qui, acheté avant la guerre 80000 yen par un armateur de Dairen, fut vendu en novembre 1915 270000 yen et revendu ensuite 560000 yen. En ce qui concerne le taux des frets, on peut mentionner un petit vapeur le *Chofu Maru* qui gagnait son prix d'achat tous les 75 jours[1]. Cette intensité des transports maritimes a entraîné un essor inouï des constructions navales et, par conséquence, une extension des relations maritimes.

Les constructions navales. — La construction navale se heurte au Japon à un sérieux obstacle : la pauvreté en minerai de fer. On comprend l'émotion du Japon lorsque les États-Unis eurent décidé d'interdire l'exportation du fer et de l'acier afin de ne pas réduire les ressources de leurs propres chantiers. Dans le seul premier trimestre de 1917, sur une importation totale de fer valant 49 070 000 yen, 37 589 000 venaient des États-Unis. La perspective de manquer de fer a jeté dans les chantiers japonais une panique que calma seule la conclusion d'un accord avec l'Amérique : le Japon obtint de l'acier en échange du tonnage qu'il dut fournir aux États-Unis.

Malgré ces difficultés, les constructions navales du Japon ont travaillé avec une inten-

1. Voir *Bulletin économique de l'Indo-Chine*, 1916, p. 72 ; et Maugras, L'essor de la marine marchande japonaise. *Revue de la Marine marchande*, juin 1919, p. 312-323.

sité qu'elles n'avaient jamais connue. Leur production en steamers a passé de 49000 tonnes (moyenne de 1910-1914) à 80000 en 1915[1], 200000 en 1916, 320000 en 1917, 490000 en 1918, prenant ainsi le troisième rang dans le monde; le programme de 1919 comprenait 180 navires de 1000 tonnes et au-dessus, avec un tonnage total brut de 1190000 tonnes. Des établissements comme les chantiers Kawasaki à Kobé, Mitsubishi à Nagasaki, Asano à Yokohama, Mitsui à Okayama et comme d'autres à Osaka ont pris durant la guerre un énorme développement; la mer intérieure avec ses eaux calmes, ses criques profondes, son doux climat et ses rivages semés de cités populeuses possède l'un des plus puissants groupes de chantiers japonais. Les chantiers Kawasaki, de Kobé, ont accepté une commande de l'Angleterre, comprenant à elle seule 14 cargo-boats de 9000 à 12000 tonnes[2]; ayant terminé un navire de 9000 tonnes en 27 jours, ils ont battu le record de vitesse de la construction américaine; leurs affaires

1. A. W. Monod et M. Dewavrin. La marine marchande du Japon. *Revue de Paris*, 1er octobre 1917.
2. Maugras, *Ouvr. cité*, p. 313.

prospèrent à tel point qu'au début de l'année 1919 ils ont décidé une augmentation de capital de 30 millions de yen, la distribution d'un boni de 10 millions de yen aux actionnaires, la répartition de 10 millions de yen entre directeurs et employés, la fondation d'une école d'apprentis et la constitution d'une compagnie de navigation au capital de 20 millions de yen. L'outillage maritime serait incomplet si des ateliers de réparation ne s'ajoutaient pas aux ateliers de construction : une société prépare la construction de cinq bassins de radoub dans l'île de Kosaki, en face d'Itosak, préfecture de Hiroshima, sur les bords de la mer intérieure.

Éloigné du théâtre de la guerre, n'ayant perdu au cours de ces cinq années du fait des hostilités que 128 319 tonnes, ayant accru régulièrement sa flotte par des constructions nouvelles, le Japon a vu ses bateaux recherchés partout. Il en vendit beaucoup à la Grande-Bretagne, aux États-Unis, à la France ; sur sa production de 1917-1918, il céda plus de 80 000 tonnes aux Alliés ; à la fin de 1918, l'Angleterre lui achetait 148 000 tonnes et la France, 23 000. Mais il songeait avant tout à grossir sa propre flotte de commerce ; dès 1917, le gouvernement de Tokio élabora un règlement qui prohibait le transport, l'affrètement ou la mise en hypothèque, sans autorisation, des navires enregistrés au Japon et qui interdisait aux chantiers de conclure librement des contrats avec l'étranger. A la fin de 1918, la flotte japonaise prenait le troisième rang dans le monde, dépassant celles de l'Allemagne, de la Norwège et de la France ; son tonnage total dépassait 3 millions de tonnes ; elle possédait 599 steamers de 1 000 tonnes et au-dessus, jaugeant en tout 1 830 000 tonnes, en augmentation sur 1917 de 155 steamers et de 400 000 tonnes.

Construction navale ou transport maritime, la flotte océanique représente pour le Japon une rare fortune ; en cinq années (1914-1918) elle fit entrer dans le pays 196 028 185 yen pour la vente des navires, 243 628 800 yen pour les affrètements par l'étranger, 644 400 000 yen pour le transport des marchandises étrangères, ce qui porte à plus d'un milliard de yen les revenus de la flotte pendant la guerre ; en 1917, les revenus de l'affrètement ont presque égalé la valeur de la soie exportée du Japon.

Les relations maritimes. — Disposant d'une flotte nombreuse au moment où la flotte européenne disparaissait de certaines régions du monde, les armateurs japonais ont pu étendre leurs opérations jusque sur des mers où l'Europe avait gardé jusqu'alors la suprématie. Durant la guerre, le manque de fret obligea les Alliés à demander au Japon la collaboration de ses moyens de transport ; toute une flotte nipponne coopéra au transport des approvisionnements et du charbon entre l'Angleterre et la France, entre les États-Unis et l'Europe. La France dut demander à des compagnies japonaises de désservir ses colonies de l'Océan Indien. Les États-Unis, une fois entrés en guerre et avant la mise en train de leurs chantiers, eurent besoin d'un énorme tonnage ; en échange de l'acier qu'ils fournirent à la métallurgie japonaise, ils reçurent du tonnage japonais à partir du début de 1918 ; des bateaux japonais travaillèrent pour le compte de l'Amérique à importer des nitrates du Chili et à expédier des munitions en Europe. Vers le milieu de 1918, le Japon entretenait ainsi à l'extérieur une flotte de 143 bateaux et 729 000 tonnes.

S'il fit une belle carrière sur l'Atlantique, c'est particulièrement dans le Pacifique qu'il assura sa fortune. Tandis que le tonnage européen du Pacifique s'affaissait brusquement, le tonnage japonais y passait de 95524 tonnes en 1914 à 220334 en 1917, c'est-à-dire à plus des deux tiers du tonnage total[1]. On constatait pour le mois de juin 1917 que les navires japonais représentaient 65 pour 100 de ceux qui avaient quitté San-Francisco et 85 pour 100 de ceux qui étaient partis du Puget Sound. Au début de 1919, la masse des relations entre Seattle et les Philippines était entre les mains d'armateurs japonais. Si l'on néglige Hong-Kong pour lequel les statistiques manquent, ce sont des ports japonais qui, pour la valeur des marchandises, tiennent la tête dans le Pacifique : Yokohama et Kobé distancent Shanghaï, Singapore, Sydney, San-Francisco et Seattle[2]. Cette situation exceptionnelle résulte, pour une bonne partie, de la guerre ; elle devra résister au retour de la flotte britannique et à l'essor de la marine américaine ; mais elle a des élé-

1. *Asia*, 1917, p. 470.
2. *Geographical Review*, 1918, p. 77.

ments durables et des ressources permanentes

Chaque jour voit s'étendre les relations de la flotte japonaise ; chaque jour, de nouveaux liens enrichissent ses relations universelles. En Extrême-Orient, les navires japonais ne trafiquent pas seulement en Corée et en Chine ; on les compte toujours plus nombreux dans les ports des colonies de l'Europe : Java, Cochinchine, Tonkin, Inde ; leur concurrence paraît si dangereuse que le gouvernement indien leur crée des difficultés, ce dont le Japon se plaignait amèrement en juin 1919. Ils fréquentent de plus en plus les ports des dominions britanniques depuis le Canada jusqu'à l'Afrique Australe en passant par l'Australasie ; la Nippon Yusen Kaisha exploite une ligne régulière vers Sydney, Melbourne et Adélaïde et vers la Nouvelle-Zélande.

A travers le Pacifique, des relations régulières ont été nouées depuis longtemps, puis resserrées avec l'Amérique du Sud ; sur ce grand continent, le Japon cherche des marchés pour ses cotonnades, ses soieries, ses thés et ses articles manufacturés ; de tous côtés, sur la façade pacifique comme sur la façade atlantique, on trouve à l'œuvre l'armement japonais ; il ne s'agit pas seulement d'ouvrir des débouchés à l'industrie japonaise, mais encore de capter sur les côtes d'un vaste continent les sources de fret qui peuvent s'offrir. Déjà depuis 1906 fonctionnait un service direct entre Yokohama et le Callao ; déjà, pour le grand cabotage le long de la côte américaine du Pacifique, les pays riverains faisaient appel aux vapeurs japonais. Mais de nouvelles entreprises sont en action. La Toyo Kaisha entretient une ligne régulière entre Hong Kong et Coronel (Chili) ; une autre compagnie japonaise, la Mitsui Bussan Kaisha, exécute des transports entre Punta Arenas et les autres ports de l'Amérique du Sud. En 1917, l'Osaka Shosen Kaisha créait la ligne Yokohama-Afrique du Sud-Buenos Aires-Brésil ; en 1919 elle mettait en service une nouvelle ligne de paquebots qui, faisant escale à Buenos-Aires, desservent Cuba et les États-Unis et retournent au Japon par le Canal de Panama ; le voyage dure huit mois.

L'expansion maritime du Japon déborde du Pacifique et elle conquiert les mers lointaines de l'Occident. Depuis juin 1916, la Nippon Yusen Kaisha exploite une ligne régulière entre Kobé et New-York, via Panama, avec trajet en quarante-quatre jours. En avril 1918, l'Osaka Shosen Kaisha avait inauguré un service régulier mensuel entre Bombay et Marseille par le Canal de Suez et en correspondance avec son service Japon-Bombay; plus récemment, ce service est devenu une ligne directe Japon-Marseille Au début de 1919, d'autres lignes régulières s'établissaient ou reprenaient leur service vers Londres, Anvers et Rotterdam. Les bateaux japonais se multiplient dans les eaux européennes. On signalait en juillet 1919 l'arrivée, à Copenhague, du premier vapeur japonais qui eût jamais apporté une cargaison dans un port danois.

La flotte japonaise se rencontre maintenant sur toutes les grandes routes océaniques; elle s'est haussée au rôle d'un agent de transport universel.

III

LE COMMERCE D'ENTREPOT

Un peu partout dans le monde on voit se désagréger le domaine maritime où l'Europe régnait en souveraine. On doit se demander si l'Europe, en perdant le monopole des transports par mer, ne risque pas de perdre le monopole du grand commerce d'entrepôt qui, depuis l'époque des découvertes, s'était fixé dans ses ports.

Depuis des siècles, l'Europe et surtout les nations commerçantes de l'Europe occidentale vendent au monde entier des denrées et des articles qu'elles ne produisent pas ; ce sont des marchandises que leurs bateaux amènent des quatre coins de l'univers dans leurs entrepôts et qu'elles redistribuent à leurs clients avec de gros bénéfices. Des matières premières en provenance de la Russie et de la Baltique étaient, avant la guerre, rassemblées à Londres et à Hambourg, puis réexpédiées à travers le monde. Des produits de l'Inde, de l'Extrême-Orient, de l'Australasie, de l'Amérique du Sud et de l'Afrique du Sud étaient apportés sur les grands marchés d'Europe d'où ils repartaient vers les pays acheteurs. De même, beaucoup d'articles manufacturés d'Europe et même des États-Unis étaient d'abord réunis à Londres et à Hambourg avant d'être réexportés vers d'autres points.

C'est par l'intermédiaire des marchands européens que les États-Unis recevaient des Indes néerlandaises le coprah, la quinine, l'écorce de quinquina, le tabac, le caoutchouc ; beaucoup de laines australiennes n'arrivaient aux États-Unis que par Londres, quoiqu'il y eût des services de navigation entre les États-Unis et l'Australie. Ce grand commerce de réexportation avait toujours son foyer le plus intense à Londres ; avec la masse de ses capitaux toujours prêts à la spéculation, avec le va-et-vient constant des acheteurs et des vendeurs toujours assurés d'y négocier des affaires, avec la multitude des navires venant le long de ses quais apporter ou attirer l'assortissement de leurs riches cargaisons, avec l'habileté traditionnelle de ses commerçants rompus à la pratique du négoce, Londres apparaissait comme une forteresse marchande, dominant encore une grande partie des transactions du monde. La guerre aura certainement modifié cette situation ; car beaucoup de marchandises, évitant Londre, sont gagné directement leur destination[1].

1. J. R. Smith, *Influence of the Great War upon Shipping*. New-York, 1919, p. 85-7.

Cette désorientation du trafic est le résultat de la crise du tonnage maritime. Les navires étant devenus rares, on dut les utiliser sur les routes les plus courtes, sans se soucier des prix ni des marchés ; il s'agissait de livrer vite, en évitant les parages dangereux. Aucun pays n'a développé ces relations directes avec plus de persévérance que les États-Unis. En quatre années de guerre, leurs importations directes d'Australie se sont accrues de 270 pour 100, celles d'Argentine de 400 pour 100 : Boston devient un grand marché de laines et de cuirs. La même évolution s'est produite pour le commerce du caoutchouc et de l'étain qui arrivent aux États-Unis directement des Indes orientales ; les statistiques la prouvent à l'évidence[1] :

IMPORTATION
DE CAOUTCHOUC AUX ÉTATS-UNIS

en millions de pounds (1 pound = 453 grammes.)

	Total	d'Angleterre	du Brésil	des Indes E.
1913. .	115	40,3	40,4	13,5
1918. .	325	6,6	40	265

1. *The Americas*, mars 1919, p. 2.

IMPORTATION D'ÉTAIN AUX ÉTATS-UNIS

(en millions de pounds)

	Total	d'Angleterre	d'Extrême-Orient
1913. . . .	104,2	54,6	42,9
1918. . . .	142,5	18	120

Les États-Unis reçoivent donc directement des marchandises qui leur parvenaient naguère par l'intermédiaire des marchés européens. Mais, fait plus grave, ils en reçoivent des quantités qui dépassent leurs propres besoins et qu'ils réexportent, inaugurant ainsi la fonction d'entrepôt et de marché distributeur. D'énormes cargaisons de sucre sont venues aux États-Unis qui les ont raffinées, puis revendues à l'Europe. Il en fut de même pour les cafés, les cacaos et les cuivres de l'Amérique du Sud, pour les blés et les farines du Canada, pour les nitrates du Chili, pour le chanvre des Philippines, pour le jute de l'Inde, pour le caoutchouc de l'Amérique du Sud, pour les haricots du Brésil, du Japon et de la Chine ; de 1914 à 1917, les exportations de marchandises étrangères ont doublé dans le commerce des États-Unis. L'Union se prépare à jouer ce rôle de courtier, d'intermédiaire et de commissionnaire qui a fait la fortune de Londres. Il est certain que ce commerce de réexportation exige, pour s'implanter en un pays, une longue expérience des affaires et que Londres ne laissera pas sans lutte son antique monopole passer aux mains de son jeune rival ; mais il apparaît que, pour fixer chez eux le marché des grands produits du commerce universel, les États-Unis possèdent déjà des forces puissantes : leur population, leur flotte et leurs capitaux.

Peu à peu la fortune de la vieille Europe se désagrège et le centre de gravité du monde s'éloigne d'elle ; à ce déplacement d'influence correspond le déplacement des grandes routes maritimes et l'avènement du Pacifique comme voie du commerce universel. Depuis longtemps, l'énorme courant de transports maritimes qui s'écoulait de l'Extrême-Orient, de la Chine, du Japon, des Indes Néerlandaises, de l'Inde vers l'Europe passait par le Canal de Suez et la Méditerranée d'où il gagnait les places et les marchés de l'Europe occidentale. Nous assistons à un renversement partiel de ce courant d'échanges sous l'influence du Canal de Panama et surtout de la puissance d'attraction des États-Unis comme foyer de production, de consommation et d'épargne. Le trafic entre l'Extrême-Orient et les ports pacifiques de l'Amérique tend à prendre la prééminence sur le trafic entre l'Extrême-Orient et les ports de l'Europe. Le Pacifique, longtemps considéré comme un océan de confins et d'antipodes, devient l'un des carrefours du monde les plus fréquentés. Les lignes régulières s'y multiplient. Qu'il suffise de considérer les relations établies au milieu de 1919 entre Singapore ou Hong-Kong et l'Amérique. Entre Singapore et les États-Unis, on comptait la ligne du Japon à New-York par Singapore, Calcutta, Colombo, Durban, Le Cap (Nippon Yusen Kaisha, mensuelle); la ligne de Singapore à Seattle (Océan Transport, mensuelle); la ligne de Singapore à San-Francisco (Toyo Kisen Kaisha, toutes les trois semaines); la ligne de San-Francisco à Calcutta par Manille et Singapore (Pacific Mail S. S. C°); la ligne de Singapore à Seattle et Tacoma (Osaka Shosen Kaisha). Les relations de Hong-Kong avec l'Amérique sont encore mieux desservies par trois lignes japonaises, une ligne anglaise, deux lignes américaines, deux lignes néerlandaises partant de Batavia. « En face de ces 32 gros vapeurs qui circulent entre Hong-Kong et l'Amérique occidentale, les lignes de navigation d'Extrême-Orient vers l'Europe n'opposent qu'une vingtaine de paquebots ou cargos peu réguliers (Messageries Maritimes, Peninsular and Oriental, Nippon Yusen Kaisha, Holt and C°)[1] ». Ce courant commercial à travers le Pacifique qui unit le monde oriental au monde occidental n'indique pas seulement une nouvelle orientation de la circulation maritime ; il nous révèle, d'une manière concrète, que les routes d'Europe sont délaissées, que les grands produits d'échange se rendent au Japon et aux États-Unis, que beaucoup d'entre eux vont se raréfier ou renchérir sur les marchés européens et que nos industries verront se réduire leur alimentation en matières premières au bénéfice des industries de l'Amérique et de l'Asie.

1. *Revue de la Marine marchande.* Juillet 1919, p. 145-146.

CHAPITRE IV

LA PUISSANCE INDUSTRIELLE

Par le fait de la guerre, beaucoup d'usines ont été détruites; d'autres ont dû s'arrêter; d'autres se sont transformées pour s'adapter à une production nouvelle afin de collaborer à l'œuvre militaire; d'autres enfin, privées d'une partie de leurs ouvriers, ont vu leur rendement baisser. Par suite de l'insécurité des mers et de la crise du tonnage, les clients d'outremer n'ont plus reçu d'Europe leurs approvisionnements accoutumés. Fabrication réduite, exportation restreinte, tout faisait sentir au monde l'affaiblissement industriel de l'Europe. Il était naturel que ce ralentissement des exportations européennes sollicitât l'esprit d'entreprise des pays extra-européens. Il se produisit deux phénomènes dont le développement menace gravement la fortune industrielle de l'Europe : d'une part, dans les pays avancés, comme les Etats-Unis et le Japon, riches en capitaux et déjà équipés à la moderne, la demande universelle a surexcité la production, l'on fabrique à force et des établissements nouveaux se fondent ; d'autre part, dans les pays jeunes et encore mal outillés tels que le Brésil, on voit la vie industrielle germer et s'enraciner. Partout on se prépare à conquérir les marchés que l'Europe a dû délaisser, ou bien à fabriquer soi-même les articles qu'on ne doit plus attendre d'elle. C'est un mouvement économique d'ampleur universelle qui contribuera à changer profondément les relations commérciales des peuples.

I

LES ÉTATS-UNIS

Bien avant la guerre, un changement profond s'était opéré dans l'économie des États-Unis ; ils avaient cessé d'être exclusivement un grand marché de grains et de viande et ils accroissaient sans cesse leurs ventes de produits manufacturés. La guerre a précipité cette évolution en renforçant la puissance des industries américaines : certaines d'entre elles ont tellement distancé leurs rivales d'Europe qu'on ne peut plus guère parler de concurrence.

Pour le fer et le charbon, des ressources colossales en pleine exploitation assurent aux États-Unis une écrasante suprématie. Déjà en 1914 ils produisaient presque le tiers du fer du monde; en 1915, leur part s'élevait à presque la moitié. C'est vers eux que tous les Alliés se sont tournés pour s'approvisionner en métal; pendant le second semestre de 1917, ils expédiaient vers l'Angleterre, la France et l'Italie 800 000 tonnes d'acier à obus, 100 000 de blindages de navires, 160 000 de rails, 100 000 de fer brut, 50 000 de fer de construction, 40 000 de fil de fer. Leur production d'acier s'est élevée de 24 millions de tonnes en 1913 à 45 millions en 1918.

La production de la houille américaine laisse maintenant bien loin derrière elle la production de la houille britannique. L'extraction aux États-Unis s'est élevée de 513 millions de tonnes en 1914 à 685 millions en 1918 ; l'extraction britannique a baissé de 297 en 1914 à 255 en 1918. Ces chiffres ne traduisent pas seulement la richesse des gisements américains, mais ils révèlent encore une situation économique dont les Anglais s'inquiètent vivement ; l'extraction américaine s'accomplit à moindres frais que l'extraction britannique ; alors qu'en Grande-Bretagne un dixième à peine du charbon s'extrait par machines, la proportion est la moitié pour le charbon américain. On évaluait, en juillet 1919, à une moyenne de 35 shillings par tonne le prix du charbon britannique d'exportation alors que le charbon des États-Unis se vendait 20 shillings dans les ports de l'Atlantique. La production annuelle de charbon par ouvrier employé a baissé en Grande-Bretagne de 312 tonnes en 1886-1890 à 226 tonnes en 1918 ; aux États-Unis, elle a monté, pendant la même période, de 400 tonnes à 770 tonnes. En fait, le charbon britannique est menacé de perdre ses marchés mondiaux, et déjà des cargaisons de charbon américain arrivent dans les ports européens. Ainsi l'essor industriel des États-Unis se révèle d'abord par leur colossale capacité de production en fer et en combustible. Mais ce trait de leur économie industrielle n'est pas nouveau ; la guerre l'a grossi et accentué; elle ne l'a pas fait naître.

Ce qui donne son véritable caractère à l'évolution de l'industrie américaine et la rend particulièrement dangereuse pour l'Europe, c'est le développement de la fabrication des articles qui exigent de la main-d'œuvre et représentent plus de valeur que de poids. De 1913 à 1918, l'exportation des États-Unis s'est accrue 75 fois pour les lingots d'acier, 5 fois pour les tôles d'acier et les fils de fer, 8 fois pour les barres et les tiges, 14 fois pour les tôles étamées. De 1914 à 1917, elle est passée (en millions de dollars) de 146 à 322 pour les objets en cuivre, de 115 à 261 pour les machines, de 32 à 118 pour les automobiles, de 20 à 43 pour les articles en cuir, de 51 à 136 pour les articles de coton[1]. On trouve des progressions aussi rapides pour les produits chimiques, pour les articles de caout-

1. Voir *France-États-Unis*, mai 1919, 199-200; — J. R. Smith, *The American Trade Balance, Annals of the American Acad. of Political and Social Science*, mai 1919; — *The Americas*, juillet 1918, p. 19-20.

chouc, pour les soieries. Les États-Unis ne se bornent pas à produire des masses de produits bruts ou demi-ouvrés, mais ils se mettent à la fabrication des articles finis qui semblait jusqu'à présent la spécialité des artisans de la vieille Europe.

Au nombre des industries les plus prospères et les plus entreprenantes des États-Unis, il faut placer l'industrie automobile ; elle offre un exemple de cette faculté d'adaptation et de perfectionnement qui, pour chaque branche de fabrication, amène peu à peu les Américains sur le terrain de la concurrence universelle. Bien avant la guerre, l'automobile avait cessé d'être en Amérique un article de luxe ; en beaucoup de régions, on la rencontrait communément chez le cultivateur, et parfois chez l'ouvrier. En 1914, l'Europe possédait 522 000 automobiles, les États-Unis 4 242 000 ; c'était une voiture pour 17 Américains contre une pour 300 Anglais, une pour 400 Français. Aussi, puissante et prospère, cette industrie comptait 550 fabriques et 300 000 ouvriers. Mais, jusqu'à la guerre, elle travaillait peu pour l'exportation ; le marché intérieur absorbait une bonne partie de la production. Avec la guerre, des débouchés s'ouvrirent et la fabrication grandit. Les usines américaines livraient 573000 voitures en 1914, 892000 en 1915, 1617000 en 1916, 1878000 en 1917, 1157000 en 1918; les exportations croissaient, 25000 voitures en 1913, 80568 en 1915, 82000 en 1917, presque toutes pour les Alliés[1]. En dehors de l'Europe, les États-Unis conquéraient des débouchés aux dépens de l'Europe. Durant l'année 1916-1917, ils vendaient à l'Inde, à Ceylan, à l'Australie et à la Nouvelle-Zélande pour 61500000 francs d'automobiles, laissant derrière eux la Grande-Bretagne avec 7500000; c'était pour celle-ci une diminution des trois quarts sur 1913. Dans l'Amérique du Sud, les progrès de l'Union ne sont pas moins marqués que dans les Dominions britanniques; avant la guerre, les Argentins, les Brésiliens et les Chiliens n'aimaient guère les voitures américaines; ils leur préféraient les voitures européennes dont ils achetaient pour 25 millions de francs en 1913; or, en 1916-1917, toutes les voitures importées sont

1. Article de Frantz-Reichel, *L'Avenir*, du 27 juin 1919.

venue des États-Unis[1]. Ces exportations d'automobiles ne représentent encore que le quinzième ou le vingtième de la production du pays; mais elles ouvrent le chemin à une industrie puissante dont le marché national est saturé. Même avec les droits de douane et les frais de transport, les voitures américaines peuvent se vendre chez nous à meilleur prix que les nôtres, si bien qu'elles menacent à la fois nos débouchés extérieurs et nos marchés intérieurs. Sur ce terrain comme sur bien d'autres, les usines européennes devront reculer en s'adaptant à la nouvelle situation; elles devront céder aux usines américaines la fabrication de l'article ordinaire et se réserver la fabrication de l'article soigné et fini, de la voiture de luxe. Il ne suffira pas à l'Europe de se retrancher derrière des droits de douane : car c'est en Europe même que les industriels américains veulent opposer fabrique à fabrique; une grande maison américaine s'occupe de créer à Copenhague une colossale usine où l'on monterait les voitures venues des États-Unis en pièces détachées.

1. Petit, *Expansion économique*, septembre 1918, p. 9-10.

L'industrie européenne rencontre beaucoup d'autres concurrences américaines ; elle est en train de perdre la spécialité de certaines fabrications qui s'installent ou qui se fortifient de l'autre côté de l'Atlantique. Jusqu'en 1914, les États-Unis dépendaient de l'Allemagne pour bien des produits chimiques ; pendant la guerre, d'importants capitaux se sont consacrés à ces produits ; déjà on commence la conquête des marchés étrangers ; on exporte de l'acide sulfurique, de la soude, du benzol, alors que, avant 1914, on n'en vendait que très peu à l'extérieur. L'industrie des matières colorantes a été fondée de toutes pièces ; des usines de munitions se sont transformées en usines de colorants ; à la fin de 1918, leur production fournissait aux besoins du pays ; elles vendaient même à la France, à l'Italie, à l'Espagne, au Royaume-Uni, au Canada, à l'Argentine, au Brésil et au Japon ; l'Allemagne ne retrouvera plus ces débouchés qu'elle dominait jadis souverainement ; on peut prévoir le moment où les États-Unis seront le grand fournisseur de matières colorantes du monde. Sur l'immense territoire de l'Union, on a recherché de quoi fabriquer les engrais potassiques afin de détruire le monopole de l'Allemagne à laquelle les États-Unis achetaient, avant la guerre, 20 millions de dollars de potasse; au mois d'avril 1919 se fondait à Denver une Association de production de potasse dont le but est de rendre les États-Unis libres de tout marchand étranger; en Californie, une fabrique de ciment, traitant les poussières, en tire assez de potasse pour que le ciment soit considéré comme un sous-produit. La fabrication des nitrates avec l'azote de l'air se développe; on construit une grande usine à Sheffield (Alabama); une autre se prépare à Mussel-Shoals (Alabama) à utiliser la force du Tennessee.

Devant l'essor de la fabrication américaine déjà si intense avant la guerre, notre industrie de la soie est en péril grave. Depuis cinquante ans, la proportion de la production lyonnaise par rapport au reste du monde avait lentement décru. Pendant la guerre, la disproportion a grandi terriblement ; les établissements de Paterson ont travaillé à plein pour satisfaire les goûts de luxe du public américain ; à elles seules les usines américaines ont produit en

1919 autant que les autres usines du monde. L'Amérique reçoit à elle seule 80 pour 100 de la soie japonaise de sorte que la France, qui perd déjà des marchés pour ses tissus, peut craindre de voir se fermer devant elle les centres d'approvisionnement de matière première; ce danger nous menace d'autant plus que la dépréciation de la monnaie française tient nos acheteurs éloignés des marchés de Canton et de Shanghaï aussi bien que de Yokohama; la hausse du dollar, la hausse du yen, la hausse du taël entravent ainsi nos achats de matière première et affaiblissent encore la situation de notre fabrique lyonnaise vis-à-vis des Américains. Peu de domaines échappent à la concurrence de l'entreprise américaine; on la voit menacer la minoterie écossaise avec les énormes cargaisons de farines qui débarquent à Glasgow; et de même, on voit les raffineries américaines, grâce aux sucres tropicaux de Cuba, des Philippines et des Hawaïi, s'emparer des marchés où parvenaient seuls jusqu'à présent les sucres européens.

Ces initiatives, ces progrès et ces ambitions révèlent la vitalité d'une industrie dont les moyens croissent toujours. Elle grandit d'autant plus solidement qu'une sorte de solidarité nationale unit et soutient les efforts des producteurs. L'opinion publique des États-Unis est hostile aux trusts, aux combinaisons d'intérêts qui lèsent le consommateur national. Mais elle admet vis-à-vis de l'étranger l'organisation et l'association. Depuis le vote de la loi Webb qui autorise les maisons américaines à former des cartels pour le commerce extérieur, de puissants groupes industriels se sont associés pour la recherche et l'exploitation des débouchés extérieurs. Les principaux producteurs de cuivre ont fondé la Copper Export Association qui, sur une production de 1 500 000 livres de cuivre, veulent en exporter un million. Dans le groupe de l'acier, plusieurs compagnies se sont associées pour former la North American Steel Corporation. Il s'est formé, de même, la Textile Alliance Export Corporation pour la vente des étoffes de coton et de laine et il va se créer une autre association pour le charbon. Comme pour une croisade économique, on envoie des missions à l'étranger, et particulièrement en Europe, pour étudier les marchés ; on prépare l'organisation de bureaux de vente en commun. L'industrie américaine marche à la conquête du monde.

II

LE JAPON

L'industrie japonaise ne peut se comparer à l'industrie américaine, ni pour la grandeur des moyens, ni pour la puissance de la production. Mais elle a subi, beaucoup plus profondément que l'industrie américaine, l'influence de la guerre. Pour combler le déficit des importations européennes sur les marchés d'Extrême-Orient, le Japon a compris qu'il devait faire grand ; c'était pour lui l'occasion de s'ériger en une puissance industrielle de premier plan, malgré la pauvreté de ses ressources en fer. Il trouvait plusieurs circonstances éminemment favorables : le caractère limité de son intervention guerrière qui lui épargnait les énormes dépenses des Alliés ; les bénéfices exceptionnels qu'il réalisait par les transports maritimes ; et, par-dessus tout, l'abondance d'une main-d'œuvre épargnée par les combats et sans cesse accrue par une belle natalité.

Jusqu'au mois d'octobre 1915, la guerre avait provoqué au Japon un véritable malaise économique. Matières premières et articles manufacturés n'arrivant plus de l'étranger, le pays se trouvait dépourvu de produits essentiels. Comme la guerre durait, il fallut de toute nécessité parer au déficit des importations ; cette situation dura pendant toutes les hostilités. Si l'on prend l'exemple de la Grande-Bretagne, fournisseur principal du Japon avant la guerre, on constate que ses expéditions baissèrent lamentablement.

IMPORTATIONS DU ROYAUME-UNI AU JAPON
(en milliers de yen.)

	1913	1917
	—	—
Caoutchouc	817	533
Sulfate d'ammoniaque	15 617	2 019
Laine	7 278	455
Pulpe pour papier	268	25
Fer	23 200	8 400
Tissus de coton	5 817	2 867
Tissus de laine	8 285	6 164

Certains produits dont manquait le Japon atteignirent des prix exorbitants. Il s'agissait de saisir l'occasion, non seulement pour suffire aux besoins du pays, mais encore pour suppléer sur les autres marchés au manque d'importations européennes. Les entreprises industrielles, comme en une poussée de génération spontanée, se multiplièrent; elles absorbèrent d'énormes capitaux. Toute la nation se tendit pour consolider cette fortune nouvelle ; l'État assura et, au besoin, imposa son appui à cette évolution industrielle. D'après une loi de 1917, les usines métallurgiques, qui produisent au moins 35 000 tonnes par an, ont le droit d'exproprier tous les terrains et toutes les maisons dont elles peuvent avoir besoin pour agrandir leurs établissements. Toutes les entreprises qui produisent au moins 5 250 tonnes par an sont exemptes pendant quinze ans de tous les impôts; elles sont autorisées à importer, sans frais de douanes, toutes les machines et tout l'outillage qui leur seraient nécessaires. Par tout le Japon un bouillonnement d'activité souleva les entreprises[1]; un essaim d'usines surgit

1. L'un des exemples les plus remarquables du développement de l'entreprise japonaise est donné par la Mitsubishi Goshi Kaisha, puissante coordination et amalgamation d'affaires, au capital de

de terre ; il lui faudra l'épreuve de la concurrence, de la sélection et du temps ; mais il donne l'impression d'une extraordinaire vitalité.

Le rendement des industries minérales s'est accru. L'extraction de la houille passe de 12 millions de tonnes en 1906 à 20 en 1915, 25 en 1917, 27 en 1918. Le Japon produit pour 22 400 000 yen de cuivre en 1908, 118 600 000 en 1917. Les soufrières japonaises prennent les marchés que l'Italie en guerre ne peut conserver ; elles expédient en Russie seize fois plus en 1915 qu'en 1914, aux Indes cinq fois plus, au Canada trois fois plus, aux États-Unis un tiers en plus. Les exportations de ciment doublent de 1914 à 1915. Tandis que, avant la guerre, le

plus de 100 millions de dollars. Elle s'occupe de mines, de métallurgie, de constructions navales, de docks, de construction mécanique, de banque, d'entrepôt, de fabrication du papier, de sidérurgie, de raffinerie d'huile, d'importation et d'exportation, etc... Sa section de banque possède plusieurs succursales au Japon, une à Shanghaï, l'autre à Londres. Sa section des mines comprend une trentaine de mines de charbon produisant 5 millions de tonnes, et autant de mines métalliques (cuivre surtout). Sa section de construction métallique possède des chantiers à Nagasaki, Kobé et Hikoshima. Sa section de commerce a des succursales dans les grandes villes du Japon et de la Chine, ainsi qu'à Vladivostok, Singapore, Calcutta, Londres, Gênes, Paris et New-York.

Japon exportait du minerai de zinc sur l'Allemagne et la Belgique et qu'il en importait du zinc affiné, il entreprend l'affinage ; deux établissements se créent, l'un à Osaka, l'autre à Kannoshima (département d'Okayama) ; on importe du minerai de Sibérie, d'Australie et d'Indo-Chine et l'on fournit du zinc manufacturé à la Grande-Bretagne.

Pour le fer, qui est avec la houille l'élément vital de la grande industrie, le Japon, pauvre en minerai, vit à la merci des États-Unis. Durant la guerre, il dut composer avec ce puissant fournisseur, en acceptant de lui fournir des bateaux en échange d'acier. Mais cette servitude lui fit comprendre la nécessité de se suffire à lui-même et de se rendre indépendant. La métallurgie japonaise veut, par l'acquisition de mines en Corée et en Chine, s'affranchir des usines américaines ; les visées territoriales du Japon en Chine sont, en bonne partie, dirigées par ce grave souci. De grands établissements métallurgiques se sont créés ou développés : aciéries de Yahata près de Wakamatsou (Kiou-Siou) ; aciéries de Mouroran (Hokkaïdo) ; aciéries d'Osaka ; aciéries de Yokohama ; aciéries de Tabata (côte Nord de Kiou-Siou). Ces belles installations ont permis l'essor des chantiers de construction navale ainsi que les progrès de la construction mécanique; depuis la guerre, le Japon fabrique entièrement des wagons de chemin de fer (il devait auparavant acheter à l'étranger les roues et les ressorts), des gros moteurs, des machines électriques, des métiers à tisser; l'exportation des produits de l'industrie mécanique a passé de 7 millions de yen en 1913 à 44 en 1916[1].

En ce qui concerne les industries chimiques, le Japon a renforcé ses anciennes fabrications et il en a fondé de nouvelles, au détriment de l'Europe[1]. Ses poteries et ses articles de porcelaine prennent la place des marchandises allemandes; il exporte du verre à vitre alors qu'il en importait avant la guerre; il a plus que doublé ses expéditions d'allumettes et il a introduit sa bière, son acide sulfurique, son savon sur de nouveaux marchés. Certains produits qu'il achetait entièrement à l'étranger sont maintenant fabriqués en quantités suffi-

1. *Bulletin économique de l'Indo-Chine*, 1918, p. 727-728.

santes pour permettre une exportation : ainsi le chlorure de potassium, le celluloïd, l'acide nitrique, le carbonate de chaux, le chlorate de potasse, le phosphore. Comme l'industrie textile souffrait gravement du manque des teintures artificielles jadis fournies par l'Allemagne, l'État encouragea et subventionna la fabrication des matières tinctoriales ; une grande société, fondée à Osaka en 1916, produit maintenant des couleurs d'aniline ; une autre fabrique du phénol et de la glycérine, une autre des produits pharmaceutiques. Une compagnie se crée pour le travail du caoutchouc ; elle recevra la matière première des plantations que les Nippons ont acquises dans la Malaisie. Toutes ces créations, issues de la nécessité, n'ont certes pas le même avenir ; elles ne résisteront pas également au retour de la paix ; mais celles qui survivront donneront des armes au Japon pour défendre son indépendance économique et poursuivre son offensive commerciale.

Beaucoup d'autres établissements industriels ont fait brillante fortune[1]. L'exportation du

1. *Bulletin économique de l'Indo-Chine*, 1918, p. 717-721 ; — *Asie française*, 1918, p. 81 ; — *Financial Chronicle*, 19 avril 1919.

papier a grandi sept fois de 1913 à 1917. Le travail du cuir s'est tellement développé que le Japon vend des chaussures non seulement en Chine, mais encore dans les Établissements des Détroits, dans l'Amérique du Sud et même en Australie. Au bout de deux années de guerre, les jouets japonais avaient pris sur le marché international la place des jouets allemands ; en 1917, il s'en vendait pour plus de vingt millions de francs (au lieu de six millions et demi en 1914) à des clients dispersés aux quatre coins du monde : Angleterre, États-Unis, Australie, Inde, Chine ; ces jouets, en porcelaine, en bois, en coton, en caoutchouc, en métal, en celluloïd, sont élégants et ingénieux ; les fabricants allemands et français les rencontrent désormais devant eux sur leurs marchés d'avant-guerre. L'industrie japonaise des conserves de poisson progresse aux dépens des industries britannique et française ; de 1913 à 1917, elle double son chiffre d'exportation ; les conserves de saumon de la mer d'Okhotsk et du Kamtchatka prennent place sur les grands marchés à côté des conserves de l'Alaska, de la Colombie britannique et du Washington ; les conserves de crabes pêchés à Sakhaline viennent aux États-Unis, en Angleterre et en France remplacer les conserves de homards ; aux sardines françaises certains acheteurs préfèrent déjà les conserves de poissons à l'huile faites au Japon. Les sucres japonais de Formose, de Kagosima et d'Ogasawara supplantent sur le marché chinois les sucres de Hong-Kong ; un syndicat japonais possède plusieurs sucreries à Java. Hong-Kong, qui depuis longtemps importait des farines américaines, reçoit maintenant des farines japonaises faites avec des blés de Mandchourie et transportées par des caboteurs japonais. Un peu partout et principalement en Extrême-Orient, le Japon recueille ainsi les commandes que ses concurrents ont dû, par le fait de la guerre, laisser en souffrance.

Mais c'est dans l'industrie cotonnière[1] que le Japon a fait ses plus précieuses conquêtes ; ses progrès y menacent nettement la vieille suprématie de la Grande-Bretagne. Avec le développement de la marine marchande japonaise, on

1. *Bulletin économique de l'Indo-Chine*, 1917, p. 267 et 368 ; 1918, p. 105-106 et 1128-1129 ; — *Asie française*, 1918, p. 80 ; J. R. Smith, ouvr. cité (*Influence...*), p. 90-91.

peut dire que le fait le plus décisif de l'évolution économique de l'Extrême-Orient paraît être la mainmise du Japon sur le commerce des cotonnades. Par les faibles salaires qu'il paie encore à ses ouvriers, par la proximité des marchés qu'il dessert et surtout de la Chine, par la connaissance des langues et des coutumes locales qu'il doit à une antique communauté de civilisation, le Japon devient en ces pays d'Extrême-Orient le dangereux rival du Lancashire. Il ne produit pas de coton ; comme le fer, cette matière première lui vient presque toute de l'étranger : en 1917, il en reçut 204 300 000 de yen de l'Inde, 84 000 000 des États-Unis, 30 500 000 de Chine, 10 800 000 d'Égypte. Aussi cherche-t-il, pour ce produit qui est l'élément de sa plus grande richesse industrielle, à s'assurer de ressources moins éloignées et plus personnelles ; ses capitaux s'emploient à étendre la culture du coton en Chine ; des essais heureux ont montré que certains cantons du Japon, dans les départements de Tohori et de Tochigi s'y montraient propres. Une variété de coton américaine, introduite en Corée, donne de bonnes récoltes ; la production s'accroît chaque année ; de 1915 à 1917, l'exportation a grandi de 250 pour 100. Ces efforts pour posséder des terres à coton s'expliquent par l'ampleur du rôle que la manufacture et le commerce des cotonnades jouent dans l'économie japonaise.

On comptait en 1917 dans les filatures japonaises 2 800 000 broches et 125 000 ouvriers. La moyenne des dividendes payés pour le premier semestre de 1918 par un groupe de 32 filatures atteint 33,4 pour 100 ; certaines ont payé jusqu'à 80 et 100 pour 100. Cette prospérité pourrait être plus grande encore si les filateurs japonais ne devaient pas acheter leurs machines à l'étranger ; presque toutes les broches viennent d'Angleterre ; la guerre ayant ralenti ces envois, il fallut se tourner vers les États-Unis dont les premières expéditions n'arrivèrent qu'à la fin de 1917. Néanmoins, si la fabrication n'a pas pu, pour cette raison, s'étendre à la mesure des marchés qui s'ouvraient, le commerce des articles de coton a fait d'énormes progrès ; en 1916, l'exportation des filés atteignit presque 80 millions de yen ; en 1917, elle dépassa 108 millions de yen ; parmi ces filés figuraient des numéros fins qui avaient été jusqu'alors la spécialité de Manchester. Quant aux tissus de coton, le Japon en exportait 33 millions de yen en 1913, 95 en 1916, 128 en 1917 ; le progrès est saisissant ; aucune exportation japonaise n'en montre d'aussi rapide, ni d'aussi fort. Mais, pour en comprendre toute la valeur, il faut en rapprocher l'élargissement du domaine de vente ; le Japon pousse ses tissus sur tous les marchés et le marchand britannique les trouve avec stupeur auprès de ses clients traditionnels. Le Japonais vend ses tissus jusqu'en Hollande et en Angleterre et jusqu'en Afrique Australe ; mais ces pays sont trop éloignés pour qu'il y menace la suprématie britannique. Il n'en est pas de même en Extrême-Orient, depuis l'Inde jusqu'à la Chine, parmi les communautés de consommateurs pauvres auxquels conviennent si bien les étoffes japonaises à bon marché ; chez les Hindous, les Chinois et les Javanais, les ventes britanniques baissent au profit des maisons japonaises ; dans le district de Foutcheou (Chine) où les Anglais avaient le monopole pour les tissus de coton, les Japonais ont, en trois ans, conquis les deux tiers des commandes ; l'Inde britannique, qui en 1913 achetait 503 000 yen d'étoffes japonaises, en prenait 15 millions en 1917 ; dans les Indes néerlandaises, les ventes britanniques baissaient d'un cinquième. Aussi l'inquiétude règne à Manchester. Au moment où les frais de la production européenne montent à des taux formidables, les manufacturiers anglais considèrent avec anxiété l'avenir de leurs marchés asiatiques. L'Inde leur achète annuellement 35 millions de livres sterling de tissus de coton ; en Chine, des millions d'hommes sont leurs clients. Pour ces paysans pauvres, le bon marché est la condition essentielle de la vente. Que deviendront ces acheteurs si la hausse des prix les écarte des étoffes britanniques ? Ils se tourneront vers les produits japonais. Le problème est assez grave pour que les syndicats cotonniers du Lancashire aient demandé en avril 1919 l'envoi d'une mission officielle en Extrême-Orient pour étudier le commerce d'exportation des produits de coton vers l'Inde, les Iles de la Sonde, les Établissements des Détroits, la Chine, le Japon.

On peut dire que l'influence de la guerre a

précipité l'évolution manufacturière du Japon. Elle a fait pénétrer dans sa structure sociale de nouveaux ferments de vie industrielle. On ne saurait comparer cette transformation du Japon à celle qui, dans le passé, bouleversa l'économie de l'Europe occidentale, puis des États-Unis : le Japon n'atteint pas encore ce stade d'évolution. Dans la poussée de croissance qui l'entraîne, tout ce qui se crée ne durera pas ; des usines et des ateliers devront s'éprouver dans la lutte internationale et résister à la concurrence universelle ; il faudra calmer, régulariser, organiser la fièvre d'un moment afin d'établir un régime stable. En outre, le Japon, nouveau venu dans la pratique commerciale, n'a pas la tradition du grand négoce ; il ignore l'art de servir et de retenir une vaste clientèle ; ses commerçants n'ont pas encore renoncé aux petites ressources de la malfaçon ; d'Australie par exemple des plaintes très vives sont parties vers les Chambres de Commerce du Japon pour protester contre certaines habitudes déloyales ; il s'agit surtout du procédé qui consiste à vendre des objets inférieurs en qualité aux échantillons proposés. Enfin la main-d'œuvre japonaise demeure encore inexpérimentée ; beaucoup d'ouvriers manquent d'éducation professionnelle ; les ateliers n'ont pas toujours une direction experte. Mais ce sont là des désavantages que le temps et l'étude amoindriront ; le Japon s'apprête à les combattre. Beaucoup de Japonais comprennent que leur pays est en voie de transformation et que l'économie industrielle y refoule, en maintes régions, l'économie agricole. Aux yeux de l'étranger, cette évolution se manifeste partout par des faits qu'il est aisé d'observer : la multiplication des usines de type moderne qui comptent plus de deux millions d'ouvriers ; la présence de 250 000 ouvriers dans la seule agglomération industrielle de Tokio ; la formation d'une classe ouvrière qui a cruellement souffert de la hausse du prix de la vie ; l'accroissement du nombre des grèves, passant de 50 en 1914 à 417 en 1918 et englobant 7 904 ouvriers en 1914 et 66 457 en 1918 ; enfin et surtout le développement d'une politique d'expansion destinée à assurer aux manufactures nationales des ressources en matières premières et des débouchés commerciaux.

En face des anciens foyers industriels qui évoluent et se développent, il y a des pays qui s'éveillent à la vie industrielle : ce sont des naissances, des créations. Parmi ces jeunes recrues il faut placer les nations de l'Amérique du Sud. Jusqu'au moment de la guerre, elles avaient vécu en étroite solidarité avec l'Europe, attendant d'elle ses articles manufacturés. Avec la guerre, il devint impossible d'avoir ces produits et de les transporter; bon gré mal gré, il fallut faire soi-même son apprentissage et fabriquer soi-même. Sous la pression de la nécessité, on découvrit des richesses sur son propre sol; on prit confiance en ses propres forces; on fonda des usines; et, par un retour paradoxal des choses, on vit parfois ces usines travailler pour l'Europe. En un temps très court, une vie nouvelle jaillit de la terre américaine. Au Brésil surtout, c'est presque une révolution économique qui se prépare.

A de nombreux symptômes on reconnaît que le Brésil prend une vive conscience de sa vitalité et de sa force[1]. Des principes nouveaux pénètrent toute son économie. Dans ses grands traits elle demeure encore fidèle au type de production coloniale qui livre au commerce des denrées de luxe comme le café et le caoutchouc. Mais les commandes de l'Europe en denrées alimentaires ont fait la fortune de nouveaux produits. De 1915 à 1917, sur l'ensemble de l'exportation brésilienne, le sucre passe d'une valeur de 1,4 à une valeur de 6,1 pour 100, la viande de 0,6 à 5,3, les haricots de 0 à 3,6, le riz de 0 à 2. Par contre, les anciens produits baissent: le café de 60,7 à 38,7 pour 100; le caoutchouc de 13,4 à 12,7. En 1913, le Brésil importait des pommes de terre, des haricots, du maïs; en 1917, il en livre à l'étranger. Les sucreries de San-Paulo et de Pernambuco exportent vers la Plata et vers l'Europe. Dans les États du Sud du Brésil propices à l'économie des pays tempérés, la vie pastorale se développe; de grands troupeaux peuplent les ter-

1. G. Lafond, L'évolution économique et financière du Brésil *Journal des Économistes*, 1918, III, p. 339-361.

rains d'élevage du Rio Grande do Sul. La viande frigorifiée ne figurait pas en 1913 parmi les exportations ; elle s'expédie maintenant en quantités croissantes vers l'Angleterre, la France, l'Italie, l'Égypte : 8514 tonnes en 1915, 34000 en 1916, 60452 en 1917. Un souffle de progrès se répand sur l'agriculture ; on veut entreprendre la fabrication du lait condensé ; on donne plus d'attention à la culture fruitière ; on fonde des écoles agronomiques ; on crée des champs de démonstration ; on draîne des marais ; dans le Ceara, on fore des puits artésiens. Partout on s'applique à mettre la terre en valeur afin de produire de quoi nourrir le pays, de quoi vendre au dehors et de quoi alimenter les industries en matières premières. La situation financière, compromise par la mévente des cafés, se relève ; les capitaux grossissent ; des banques se fondent ; la Banque du Brésil augmente son capital ; on fait appel à la main-d'œuvre japonaise pour avancer la colonisation agricole. Pour parer au manque d'articles manufacturés, on crée des usines ; dans le seul État de Rio Grande, le nombre des établissements industriels a passé de 314 en 1908 à 2780 en 1915 ; leur capital a sextuplé. L'État encourage tous ces efforts : dans le Rio de Janeiro, il exempte d'impôts pendant cinq années toutes les industries nouvelles. Dans cette fièvre d'entreprises, il est naturel que l'effort principal s'applique à la création des industries fondamentales dont les produits étaient jusqu'alors fournis par l'Europe : la métallurgie et le tissage. Mais toutes deux n'ont pas progressé du même pas ; le tissage seul est en plein essor.

La métallurgie[1] a pour condition la présence du charbon et du fer : le Brésil possède l'un et l'autre, malheureusement l'un loin de l'autre, et le charbon peu propre à la métallurgie. Des dépôts de fer, abondants et riches, se trouvent dans le Minas Geraes ; ils s'étendent, à environ 350 kilomètres au Nord de Rio de Janeiro, sur un territoire long de 500 kilomètres et large de 50, depuis Itabira do Campo jusqu'à Serro Frio ; on y connaît déjà une soixantaine de gisements d'une hématite compacte, excellente, dont une compagnie anglaise poursuit l'exploration. Le problème est de transporter ce

1. *The Americas*, avril 1918, p. 30-32.

minerai auprès du charbon, c'est-à-dire non loin de la côte où les navires peuvent l'amener. Mais il n'existe pas encore de route pour ce trafic. Le Central Brazil Railway ne possède qu'une faible capacité de transport à cause des fortes pentes de la Serra do Mar et de la Serra da Mantiqueira. Il existe une autre ligne de communications : c'est la vallée du Rio Doce qui débouche dans l'Atlantique à 500 kilomètres au Nord-Est de Rio de Janeiro et qui mène vers l'amont jusqu'au milieu du bassin ferrifère ; une voie ferrée part de Victoria (côte d'Espirito Santo) et elle s'avance avec de faibles pentes jusqu'à 400 kilomètres dans l'intérieur ; il suffirait de la prolonger de 150 kilomètres pour qu'elle atteignît les mines de fer. Malheureusement les ressources de combustible ne se présentent pas en d'aussi bonnes conditions. Les gisements de houille se rencontrent essentiellement dans les trois États du Sud. Dans le Rio Grande do Sul, on les trouve le long de la vallée du Jacuhy, fleuve qui débouche à Porto Alegre, dans la grande lagune de Patos ; grâce à son faible prix de revient, ce charbon s'exporte en Argentine ; il y coûte moins cher que les charbons anglais et américains ; chemins de fer et steamers l'emploient ; ce bassin peut fournir annuellement 500000 tonnes. L'État de Santa Catarina possède les gisements de Cresciuma et d'Ararangua, non loin de la côte ; une voie ferrée les unit à Tubarao ; un grand syndicat vient de se fonder à Florianopolis pour leur exploitation ; on escompte une production annuelle de 500000 tonnes. Enfin, dans le Parana, on connaît le gisement de Curityba dont on espère 300000 tonnes par an. Cette houille brésilienne forme une précieuse ressource qui permettra bientôt de réduire fortement les importations. Mais elle n'est pas utilisable en métallurgie ; elle ne peut pas donner la quantité de coke, nécessaire aux hauts fourneaux ; pour créer et faire vivre la sidérurgie brésilienne, il faudrait importer des masses énormes de coke. Pour cela, on pense à exporter en Europe le minerai riche de sorte que les navires rapporteraient, comme fret de retour, du coke métallurgique ; des usines pourraient alors se fonder sur la côte ou bien sur le chemin de fer de Victoria. On peut dire aussi que, lorsque la fusion du minerai dans le four électrique sera une opération commercialement pratique, le Brésil trouvera dans l'énergie de ses chutes d'eau le moyen de traiter son fer. L'avenir nous dira si ces combinaisons économiques sont viables, si les hauts fourneaux que des capitalistes brésiliens et portugais viennent de construire dans le Minas Geraes auront la vie longue et si le Brésil doit être un pays de sidérurgie.

Pour l'industrie textile[1], le Brésil a dépassé la période des espérances ; il est en plein développement. La situation se résume en peu de mots : avant 1914, presque tout le coton produit au Brésil était exporté comme matière première et lui revenait en étoffes : la guerre finie, le Brésil fabriquait 75 pour 100 des étoffes qu'il consommait. Jadis grand consommateur de tissus européens, le Brésil a fondé chez lui le tissage mécanique de coton. Le pays a l'avantage naturel de pouvoir produire du coton ; le Nord-Est (Pernambuco, Maranhao, Cerea, Piauhy) donne des variétés à fibre longue ; le Minas et le San-Paulo produisent des variétés à fibre courte. Ce coton, qui jadis s'exportait

1. Lafond, *Ouvr. cité*, p. 356-357 ; — *The Americas*, mai et juillet 1918, février 1919.

vers les manufactures d'Europe, reste maintenant sur place pour alimenter les usines ; on n'en exportait plus que 5940 tonnes en 1917 contre 37000 tonnes en 1913. L'industrie cotonnière en consomme des quantités de plus en plus grandes. En 1917, on comptait 250 usines, 1464218 broches, 49600 métiers, 72950 ouvriers ; la production totale s'élevait à 80 millions de dollars. Beaucoup de ces usines possèdent un équipement moderne ; quelques unes fonctionnent à l'électricité ; leurs étoffes peuvent se comparer aux meilleures de la Nouvelle Angleterre et du Lancashire. Aussi elles ont déjà trouvé le chemin de l'étranger ; l'exposition de Buenos-Aires en 1918 les fit apprécier sur le marché argentin ; dans toute l'Amérique latine, elles se vendent en concurrence avec les tissus britanniques et nord-américains ; en 1917, la France en a reçu. Au début de la guerre, cette industrie souffrit beaucoup du manque de matières colorantes ; on s'ingénia dans le Sao Paulo, dans le Minas Geraes et dans le Parahyba à fabriquer des teintures végétales qui remplaceraient l'aniline allemande ; on réussit à fonder des usines dont la production suffit presque à la consommation nationale et qui ont déjà vendu leurs couleurs en Argentine et même en Italie.

De tous les côtés, sur tous les domaines, on peut observer au Brésil des projets qui s'élaborent et des énergies qui s'appliquent. Tantôt, en prospectant le sous-sol, on découvre du pétrole dans le Sao Paulo, le Rio Grande et le Spirito Santo ; de l'or dans le Minas Geraes près de Bello Horizonte ; du kaolin, du nickel, du mica. Tantôt la crise du papier provoque à Campos la création d'une grosse papeterie qui travaille des fibres végétales. Ailleurs on prépare l'installation d'usines de soude, de tannin, de chaussures. Ailleurs enfin on étudie la production de l'énergie électrique pour les chemins de fer par l'aménagement des chutes d'eau.

Dans lés autres pays de l'Amérique du Sud, les mêmes tendances entrent en action ; la vie industrielle germe. En Argentine, on veut aussi s'affranchir de l'étranger ; on met en exploitation les mines de houille de Mendoza et surtout les nappes pétrolifères de Comodoro Rivadavia ; on développe le tissage de la laine et la fabrication des sacs pour les grains de la récolte. Au Chili, les affaires de nitrate ont connu une prospérité sans précédent; le pays s'enrichit; il rembourse à l'Angleterre une partie de sa dette ; pour réaliser l'indépendance économique, on veut s'outiller afin de produire des articles manufacturés, des étoffes, du papier, des produits chimiques ; à la fin de 1918, se fondait à Santiago la première aciérie chilienne, de capacité bien modeste encore, mais de haute signification pour l'orientation de l'économie nationale. Au Pérou, les marchés européens ont demandé du sucre, du coton, du cuivre, des laines, des peaux ; à l'aide des capitaux ainsi formés,. on aspire déjà à l'industrialisation du pays par la mise en exploitation des mines de houille, par la construction de voies ferrées et par la création de tissages. Tous ces pays jeunes fermentent d'espérances et de velléités ; l'avenir précisera leurs destinées. Quant aux résultats positifs, ils sont encore rares, sauf au Brésil qui est de tous le pays le plus avancé dans la voie de l'indépendance économique.

Maintenant que la guerre est terminée, il s'agit de savoir si l'Europe retrouvera ses anciens débouchés. Parmi les pays neufs qui s'équipent, le retour de la concurrence aura raison des moins solides ; d'autres résisteront et l'Europe devra compter avec eux. Mais ses rivaux les plus redoutables vont être les États-Unis et le Japon, pays adultes et éprouvés ; n'ayant pas souffert comme elle, ils auront grandi tandis qu'elle s'épuisait ; et, tandis qu'elle combattait, ils auront forgé des armes pour la vaincre dans la lutte économique du temps de paix.

CHAPITRE V

L'EXPANSION DU JAPON

I

LE JAPON DANS L'OCÉAN PACIFIQUE

Un pays comme le Japon qui travaille et s'enrichit a besoin de débouchés pour ses produits et pour ses capitaux. Il cherche à réaliser autour de lui un cercle d'influences et de relations pour y placer ses épargnes, ses marchandises et ses hommes. Qu'il se fonde sur la conquête ou sur le commerce, qu'il se maintienne par la force ou par l'entente, qu'il s'appelle empire colonial, sphère d'expansion ou zone d'influence, ce domaine d'exploitation ne doit pas toute sa valeur au peuple qui le régit : il puise une partie de sa force dans la solidité des liens géographiques qui l'unissent à la métropole et qui le cimentent intérieurement. Proximité géographique, facilité de communications, communauté de civilisation générale, différenciation de structure économique, ce sont là des faits naturels et humains qui contribuent à le rendre robuste et prospère. Des influences de cette nature ont assigné comme domaine à l'expansion japonaise les pays riverains du Pacifique.

Nation insulaire devenue une puissance maritime, le Japon oriente ses rapports commerciaux vers tous les points de ce grand océan où pénètrent, chaque jour davantage, les courants de la vie universelle. Communauté de race jaune, les Japonais se tournent naturellement vers leurs frères de race qui peuplent l'Asie Orientale et ses archipels ; ces sociétés humaines, moins évoluées que lui, attendent de lui les services, les fournitures, les inspirations d'une civilisation plus avancée. Dès que l'empire du Soleil Levant eut conscience de sa force de rayonnement, il la dirigea d'abord vers les îles, les archipels et les presqu'îles du continent asiatique ; puis, une fois certain de sa puissance et confiant en elle, il s'étendit vers des parages plus lointains. La guerre lui fournit une chance admirable de progresser dans l'Océan Pacifique. Ses opérations de guerre se limitèrent au Pacifique : c'est là que se trouvaient ses buts de guerre avoués. Sa position insulaire l'oblige à surveiller les chemins de l'Océan ; elle lui dicte une politique de points d'appui comparable à celle de la Grande-Bretagne. Aussi, de même que l'Australasie britannique s'assurait la possession des archipels allemands du Pacifique austral, le Japon s'établissait dans les îles Carolines, Marshall et Ladrones, situées au Nord de l'Équateur ; par elles, il prend pied sur les routes qui commandent les approches orientales de l'Indonésie et de la Mélanésie ; par elles, il s'avance au loin dans les pays des tropiques. Par la force des choses, la flotte japonaise, laissée seule dans le Pacifique, y demeura durant toute la guerre la maîtresse, la souveraine. Sur le continent asiatique, la chute de Kiao-tcheou, la base allemande de l'Extrême-Orient, met le Japon, non plus seulement comme à Formose et en Mandchourie aux portes de la Chine, mais au cœur même de l'immense empire ; quel que soit le statut politique du Chan-toung et quel que soit le nom dont on affuble la situation, c'est au Japon qu'appartient le contrôle économique du pays.

Les vraies et solides conquêtes du Japon dans l'Océan Pacifique se sont faites sur le terrain commercial. Sur les marchés que désertait l'Europe, le négoce japonais a poussé une large offensive ; les uns sont envahis, les autres menacés. La masse des échanges du Japon avec les pays du Pacifique s'accroît toujours ; la proportion de ses relations européennes baisse ; l'Asie devient le grand champ de son expansion ; le rôle des États-Unis grandit aussi ; bien des pays, que le Japon avait jusqu'alors paru ignorer, apparaissent maintenant dans le cercle de ses affaires. Pour concevoir l'ampleur de cette évolution, il est nécessaire de consulter une brève analyse du commerce extérieur japonais faite pour les années 1904, 1914 et 1917.

EXPORTATIONS JAPONAISES

Valeur, en millions de yen, des marchandises exportées du Japon vers différents pays.

	1904	%	1914	%	1917	%
Asie	134	42	277	47	704	44
Europe	72,3	23	91,7	15	335,1	21
Amérique	104	33	202	34	503	32
Autres	7	2	18	4	54	13

IMPORTATIONS JAPONAISES

Valeur, en millions de yen, des marchandises importées au Japon de différents pays.

	1904	%	1914	%	1917	%
Asie	182	49	304	52	475	47
Europe	120	32	158	27	82	8
Amérique	58,9	16	100	17	376,7	38
Autres	7	3	22	4	63	7

Ces statistiques mettent en lumière la position du Japon vis-à-vis des différentes parties du monde. Près de la moitié de son commerce extérieur se fait avec l'Asie, c'est-à-dire avec les pays de la zone des moussons qui s'étendent depuis la Sibérie jusqu'à l'Inde en passant par la Chine et l'Insulinde ; des liens étroits rapprochent du Japon ces pays par le seul fait que leur existence dépend du riz ; c'est de Chine et d'Indo-Chine, de Canton, de Saïgon, de Bangkok et de Rangoun qu'il attend le complément de son alimentation ; il y a une civilisation du riz et, entre les pays qu'elle façonne, des affinités ; pays à blé et pays blancs, pays à riz et pays jaunes répondent à des distinctions profondes de l'humanité ; c'est une loi de nature qui pousse le Japon à dominer le commerce des peuples jaunes. Un autre fait capital surgit des chiffres : c'est l'effacement de l'Europe et le progrès de l'Amérique ; la guerre a fait de l'Europe une cliente des usines japonaises, ce que les statistiques traduisent par un afflux d'exportations japonaises vers l'Europe ; par contre, l'Europe a vu diminuer ses ventes au Japon alors que les États-Unis voyaient doubler la proportion des leurs. Mais des chiffres globaux ne permettent pas d'apercevoir un autre trait qui apparaît dans les détails régionaux et qui n'est pas moins caractéristique de l'essor japonais : c'est l'orientation des relations commerciales vers des pays qu'elles ne touchaient guère jusqu'ici et dont parfois la distance élargit singulièrement le cercle de l'influence japonaise : l'Inde britannique, les Indes néerlandaises et les Philippines, l'Australie, l'Afrique du Sud, le Chili et l'Argentine ; de 1914 à 1917, les exportations du Japon ont grandi quatre fois vers l'Inde, sept fois vers les Indes néerlandaises, trois fois vers les Philippines, presque trois fois vers l'Australie, dix fois vers l'Afrique du Sud.

Parmi les foyers d'expansion japonaise dont la guerre a particulièrement favorisé la fortune, l'attention doit s'arrêter sur trois groupes de pays, très différents les uns des autres par leurs conditions naturelles et sociales : l'Amérique latine, puis les colonies de l'Europe dans l'Océan Indien, les mers du Nord et les mers du Sud, et enfin la Chine.

II

LE JAPON ET L'AMÉRIQUE LATINE

On sait par l'extension de leurs relations maritimes avec l'Amérique latine quel intérêt les Japonais attachent à ce grand continent. L'origine de ces rapports remonte essentiellement au début du xxe siècle, époque où les pays anglo-saxons des bords du Pacifique depuis le Canada et les États-Unis jusqu'à l'Australie se fermèrent aux immigrants de race jaune, Chinois et Japonais. L'Amérique latine se montrait plus accueillante aux colons asiatiques ; elle ignorait les préjugés de couleur ; pays jeune, à peine peuplé, ayant besoin de main-d'œuvre, elle sollicitait, au lieu de la craindre, l'arrivée de ces recrues. Un courant d'émigration, encouragé par les compagnies de navigation, s'établit entre le Japon et l'Amérique du Sud ; on vit arriver avec plaisir les Japonais auxquels on donna vite la préférence sur les Chinois. Avec la guerre, la question de la main-d'œuvre devint aiguë ; beaucoup d'Européens retournèrent chez eux et, d'autre part, le flux d'émigrants européens s'arrêta ; il fallut combler les vides ; on fit appel aux Japonais avec plus de force.

On voit des Japonais dans presque tous les pays de l'Amérique latine [1]. Détournés des États-Unis par les troubles de Californie, ils arrivaient au Mexique dès 1906 et s'établissaient dans les régions tropicales du Chiapas et de l'isthme de Tehuantepec. La Basse-Californie en possède une petite colonie d'une cinquantaine d'individus employés à la culture du riz. Certains Yankees, qui voient déjà en imagination leur Californie peuplée, dans un siècle, de plusieurs dizaines de millions de Jaunes, croient que le Mexique se livre aux Japonais. En réalité, sur tout le Mexique, on ne compte

1. Voir pour l'avant-guerre : Lorin, *Asie française*, 1914, p. 58-9 ; Labroue, *L'impérialisme japonais*. Paris, Delagrave, 1911.

guère plus de 2 000 Japonais, mineurs, journaliers agricoles, artisans, pêcheurs, commerçants ; et il n'y a pas dans cette poignée de colons de quoi recruter l'armée de 200 000 soldats exercés dont certaine presse américaine annonça la concentration. La Bolivie n'avait jusqu'à l'heure présente reçu aucun émigrant japonais ; en 1918, elle négociait l'établissement de plusieurs milliers de cultivateurs nippons pour mettre en valeur les terres incultes. Au Pérou, des Japonais sont installés depuis 1899 ; depuis cette époque, il en débarque d'autres chaque année qui travaillent dans les plantations de canne à sucre ; le gouvernement leur accorde des avantages particuliers pour le paiement des salaires, pour l'éducation des enfants et pour la naturalisation. Au Chili, même empressement à recevoir les colons japonais ; on les attire, tandis qu'on cherche à limiter l'immigration chinoise ; on les établit sur de petits domaines agricoles ; on veut même y recruter des pêcheurs pour les archipels du Sud.

C'est vers le Brésil que se dirige le principal courant d'émigration japonaise[1]. Les premiers

1. *The Americas*, juillet 1918, p. 29.

colons étaient arrivés en 1907 ; d'autres affluèrent bientôt vers les plantations de café, les mines d'or, les champs de riz, les chantiers de chemins de fer. Pendant quelques années, il en vint une dizaine de milliers par an ; toutefois l'État de San Paulo ayant dénoncé le contrat qui le liait à deux compagnies d'émigration japonaise, l'afflux se mit à baisser. Mais, pendant la guerre, à la suite du départ de nombreux Allemands qui travaillaient dans les fermes de Rio Grande do Sul, de San Paulo et de Santa Catarina, devant la crise de main-d'œuvre provoquée par la cessation de l'immigration européenne, le Brésil ne vit de salut immédiat que dans l'appel aux Japonais. Les deux gouvernements s'accordèrent pour les encourager ; au Japon l'État donne un subside à tout individu qui émigre au Brésil. Aussi la colonie japonaise du Brésil s'accroît beaucoup ; elle dépasse le chiffre de 20 000 dans l'État de San Paulo, sur les grandes plantations de café. Ouvrier laborieux et sobre, le Japonais travaille deux ou trois ans, puis, avec ses économies, il achète des terres ; plus de 4 000 sont ainsi devenus en peu de temps propriétaires fonciers ; cette évolution s'accomplit avec l'aide d'une puissante association japonaise qui s'est fondée pour le développement des cultures de canne et de café. Ce sont de petits propriétaires japonais qui ont étendu la culture du riz dans les terres basses du San Paulo et qui par leur exemple ont suggéré l'idée de l'entreprendre en grand ; en 1917, 5 000 Japonais débarquaient pour collaborer à cette œuvre ; d'autres étaient attendus dans le Rio Grande do Sul. A ses Noirs, à ses Rouges et à ses Blancs, le Brésil voit s'ajouter une colonie de Jaunes ; elle est, pour le Brésil, un précieux outil de colonisation. Pour le Japon, elle forme l'amorce d'un mouvement d'échanges entre les deux pays et le point d'appui d'une nouvelle expansion économique.

Le Japon ne considère pas en effet ces émigrants comme des colons ; il a ses ambitions coloniales, mais c'est l'Asie qu'elles visent. Ce qu'il voit dans ces essaims de travailleurs qu'il répand sur les campagnes américaines, ce sont des pionniers qui doivent ouvrir la route au commerce japonais et aux marchandises japonaises. Ses compagnies de navigation savent bien que, là où les hommes ont pénétré, les marchandises tôt ou tard suivront. Depuis longtemps, des diplomates, des industriels, des commerçants viennent du Japon en Amérique latine pour enquêter sur les ressources locales et sonder le terrain économique. Il existe à Tokio une société latino-américaine dont le but est de seconder les études sud-américaines. Depuis la guerre, une vive poussée se manifeste dans les relations des deux pays. En 1917, le consul japonais de Rio de Janeiro s'occupait, avec les Chambres de Commerce portugaise et italienne, d'organiser dans les colonies japonaise, portugaise et italienne une propagande en faveur des marchandises de leurs pays respectifs. Une compagnie japonaise demande à l'État de Rio Grande do Sul la concession de 20 kilomètres de côtes pour établir des pêcheries. Au Chili, de 1916 à 1918, le commerce à destination ou en provenance du Japon a doublé; des capitalistes japonais y fondent des affaires; une banque japonaise se crée à Valparaiso; au début de 1918, des ingénieurs japonais, de la grande maison Fudukawa, débarquaient à Cabildo pour étudier et acheter des gisements de cuivre. En deux ans, de 1916 à

1918, les échanges entre Japon et Argentine ont augmenté de 400 pour 100.

Malgré la vive allure de ces progrès, il ne faudrait pas exagérer la position du Japon dans l'Amérique du Sud. C'est du grain qui germe, et non une moisson qui se récolte. En 1917, le total du commerce entre le Japon et l'Amérique du Sud ne dépassait pas 25 millions de yen (contre 9 en 1916). Mais il semble que ces chiffres modestes contiennent une menace ; car aux États-Unis on s'en inquiète ; on affecte même de redouter la formation de centres de japonisation et l'on dénonce avec indignation de mystérieuses manœuvres. En réalité, il s'agit surtout de rivalité commerciale, et ce qu'on reproche au Japon, c'est de mettre en échec, sur ce terrain d'avenir, le panaméricanisme économique.

III

LE JAPON ET LES COLONIES DE L'EUROPE

Parmi les riches colonies qui, dans l'Extrême-Orient et dans les mers du Sud, composent le patrimoine économique de l'Europe, le Japon a noué d'étroites relations. L'Europe, détournée de ces pays par la guerre, n'y retrouve plus sa position intacte.

L'influence japonaise s'avance dans les Indes britanniques à pas de géant. En 1911, on n'y comptait qu'une trentaine de Japonais établis à demeure ; aujourd'hui, il existe à Bombay une colonie japonaise assez nombreuse pour posséder un club. Durant la guerre, deux banques japonaises se sont fondées à Bombay. On voit maintenant des navires japonais dans tous les grands ports de l'Inde ; les cargos japonais transportaient, en 1912-1913, 30000 tonnes entre les Indes et les pays autres que le Japon ; aujourd'hui 1918-1919) ils en transportent 529000. Quant aux marchandises japonaises, elles arrivaient, encore au début du siècle, presque toutes sur des ateaux anglais et se répartissaient dans l'intéieur par l'intermédiaire de négociants anglais et indous. « Aujourd'hui, écrit le *Times* du 12 sepembre 1919, 90 pour 100 de ces marchandises iennent par navires japonais ; elles sont adresées à des maisons japonaises et vendues par lles. Même chose pour le commerce d'exportaion. Pratiquement l'Association des filateurs de coton japonais est maîtresse du marché pour le coton brut ; on trouve des acheteurs japonais dans les districts ruraux eux-mêmes ; ils égrènent et emballent eux-mêmes le coton acheté. » D'autre part, les articles manufacturés du Japon, machines, allumettes, bière, jouets, ciment gagnent du terrain sur le marché hindou où ils remplacent les articles allemands ; les produits envoyés de Tokio et d'Osaka encombrent littéralement les magasins de Ceylan. Point douloureux à la Grande-Bretagne, le coton, acheté brut par le Japon, revient manufacturé ; filés et tissus japonais chassent filés et tissus britanniques ; sur ce marché séculaire, propriété britannique depuis l'aurore des temps coloniaux, le Japon s'avance en conquérant.

Toutes ces relations du Japon et de l'Inde se révèlent dans l'élan prodigieux des chiffres de la statistique :

COMMERCE DU JAPON ET DE L'INDE

(en millions de yen.)

	1904	1914	1917
Exportations du Japon dans l'Inde. . . .	9,4	26	101
Exportations de l'Inde au Japon. . . .	68	160	223

Tant de progrès n'ont été possibles que grâce au régime britannique du libre échange. Aussi le Japon proteste d'avance contre les mesures protectionnistes qui se préparent dans l'Empire britannique. Les Chambres de Commerce nipponnes ont fait savoir en 1917 que leur pays entendait ne pas être sacrifié si la Grande-Bretagne concluait avec ses colonies des accords de préférence. Le gouvernement de la Malaisie britannique ayant interdit de vendre à des étrangers les terrains propres à la culture du caoutchouc, les planteurs japonais ont réclamé, dans une réunion tenue à Tokio à la fin de 1917, contre cette mesure qui menaçait leur industrie naissante : les concessions japonaises couvraient déjà alors près de 50000 hectares, représentant un capital de 15 millions de yen, et leur récolte de 1916 valait un million de yen. A Singapore, centre de commerce pour le caoutchouc et l'étain, le nombre des japonais avait tellement augmenté au cours de l'année 1919 qu'on ne pouvait plus s'y loger. Au Siam, les Japonais sont les bienvenus depuis le prestige de leurs victoires ; les échanges ont suivi le prestige ; le commerce du Siam et du Japon a doublé de

1909 à 1917 ; les articles japonais y supplantent les articles européens. Aux Philippines, de 1914 à 1917, le commerce japonais (en millions de yen) s'est élevé de 6,7 à 16,8 à l'importation, et de 7,3 à 15,3 à l'exportation.

Parmi les marchés qui sont en train d'échapper à l'Europe, il faut placer les Indes néerlandaises ; sur ce terrain, on assiste à un effort tenace de pénétration japonaise. Cet archipel, type de la colonie d'exploitation, offre au commerce de riches produits à exporter et des indigènes nombreux à pourvoir d'articles manufacturés. Quelle source de fortune pour une nation mercantile ! Certains Japonais ont même déjà fait le rêve d'une conquête politique ; ils songent aux antiques liens du Japon avec les pays malais ; ils rappellent la colonisation de Formose comme un modèle d'entreprise japonaise en pays tropical ; ils considèrent comme un paradoxe qu'un pays d'Europe, aussi petit que la Hollande, détienne en Asie d'aussi vastes et d'aussi riches territoires. Il faut reconnaître que cet impérialisme n'a jamais pris de forme concrète dans la politique japonaise. Des conquêtes économiques sont ici la seule ambition des Japonais. Mais, même sous cette forme, leurs progrès ont pu inquiéter les Pays-Bas. Bien avant la guerre, on professait à l'École des Langues de Tokio un cours de malais, langue commerciale de ces parages de l'Extrême-Orient. Durant la guerre, on vit se répandre à Java une feuille bi-mensuelle, le *Nikkwa,* rédigée et imprimée en malais afin d'atteindre les milieux du commerce indigène. Depuis 1909, il existe à Batavia un consulat japonais. Des missions japonaises de financiers et de savants sont venues enquêter afin de préparer des entreprises et des placements. Avec la guerre, les communications entre la Hollande et ses colonies se rompirent ; il fallut chercher au commerce de l'Archipel de nouvelles orientations. De 1913 à 1917, les importations de la Hollande à Java tombèrent de 114,5 millions de florins à 37 ; celles des États-Unis montèrent de 6 à 47, celles du Japon de 5,5 à 49. Comme dans l'Inde britannique, les produits japonais conviennent par leur bon marché à ces sociétés de petits paysans qui leur font bon accueil ; le Japon leur fournit bijouterie, tissus, filés, objets de métal, cuirs travaillés et fort exactement copiés sur des modèles européens. A la suite des commerçants arrivent les hommes d'affaires et d'entreprises; une grande société s'est fondée en 1917 à Tokio pour acheter plusieurs sucreries à des capitalistes hollandais; en 1918, des capitaux japonais en fondent une à Batavia. Des journaux hollandais ont déjà dénoncé ces entreprises comme un danger national et comme le prélude d'ambitions impérialistes.

Dans les mers du Sud, le Japon a développé d'une manière soudaine ses échanges avec les dominions britanniques de l'Australasie. Sur ces marchés que la guerre avait brusquement privés de leurs fournisseurs habituels, les articles japonais ont fait prime; les uns, déjà connus, se sont vendus en quantités croissantes; les autres, encore ignorés, ont vite trouvé leur place. Les progrès sont surprenants[1]. En milliers de livres sterling, de 1913 à 1916-1917, les ventes du Japon à l'Australie se sont élevées de 475 à 1612 pour les tissus et les vêtements, de 7 à 172 pour les métaux manufacturés, de 129 à 366 pour les produits chimiques, de 21 à 263

1. *Mission française en Australie 1918 et en Nouvelle-Zélande 1919*. Paris, impr. Lahure, 1919.

pour la faïence et la verrerie, de 19 à 128 pour les articles fantaisie et la bijouterie. De même, de 1913 à 1916, les achats de la Nouvelle-Zélande au Japon ont monté (en milliers de livres sterling) de 35 à 126 pour les tissus de soie, de 14 à 63 pour les tissus de coton, de 0 à 12 pour les machines électriques, de 8 à 38 pour les articles fantaisie ; on voit apparaître, dans les envois japonais, des articles que la Nouvelle-Zélande n'avait guère demandés jusqu'alors : boutons, chapeaux, bonneterie, couvertures, porcelaine et verrerie, brosserie, boîtes en carton. Les produits japonais s'implantent dans l'Australasie britannique; vendus à bas prix, présentés par des voyageurs habiles et remuants, ils y resteront.

Sur les territoires russes d'Extrême-Orient, l'influence japonaise devient prépondérante. L'éloignement du centre de la puissance slave, les obligations de la guerre et de la révolution qui retenaient en Occident toute l'énergie de la Russie, la proximité géographique de l'empire nippon, tout semblait préparer ce déplacement d'influences. Il ne s'agit pas pour l'instant de la Mandchourie qui dépend de la Chine, mais surtout de la Sibérie orientale. Devenue l'alliée de la Russie, le Japon retira de cette alliance des bénéfices d'autant plus considérables qu'il pouvait, seul de toutes les nations de l'Entente, communiquer librement avec la Russie par le Transsibérien ; il lui fournit des armes et des approvisionnements pour son armée ; il s'efforça en même temps de conquérir pour ses articles manufacturés le marché russe qui se fermait aux produits allemands. De 9168000 yen en 1913, ses importations en Russie montèrent à 12381000 en 1914, 90048000 en 1915, 151179000 en 1916. Chaussures, métaux, étoffes, munitions, grains, il expédia à son alliée tant de marchandises qu'il devint l'un de ses gros créanciers. La puissance russe s'étant effondrée et son unité brisée, le Japon considéra qu'il serait prudent d'acquérir en Sibérie des gages pour garantir ses avances et de collaborer, au même titre que les autres créanciers américains et anglais, à la mise en valeur du pays. Contre l'anarchie qui menaçait, selon son opinion, l'Extrême-Orient, le Japon s'assura en envoyant des troupes à Vladivostok, en occupant Khabarovsk, Tchita et Blagovetchensk (septembre 1918) et en contrôlant le pays jusqu'au lac Baïkal. Cette pénétration économique du Japon dans la Sibérie orientale a pour elle de s'avancer en un pays qui, par ses caractères géographiques, appartient encore à l'Extrême-Orient. Quand, arrivant de l'Ouest, on a dépassé les pays du Baïkal, on aborde le domaine des moussons ; on laisse derrière soi les formes de culture, d'élevage, de peuplement qui viennent d'Europe avec les Slaves ; on entre dans une région d'affinités extrême-orientales par la puissance de la végétation, par les caractères de la faune, par l'extension de céréales comme le millet et par l'importance des populations sédentaires de race jaune ; depuis longtemps, les Chinois ont poussé leurs pionniers et leurs colons assez loin dans le bassin de l'Amour. La colonisation pacifique de la Sibérie orientale apparaît aux Japonais comme une prolongation du rôle qu'ils ont assumé sur les rivages qui font face à leur archipel. Vladivostok compte une colonie de plusieurs milliers de Japonais ; les boutiques japonaises s'y multiplient ; on y vend des articles japonais, étoffes, tricots, bas, mouchoirs, gants.

Depuis la guerre russo-japonaise, le Japon

possède des droits de pêche sur les côtes sibériennes des mers de Behring, d'Okhotsk et du Japon; dans ces mers poissonneuses, les pêcheurs japonais sont à peu près les seuls à exploiter les eaux; ils en sont la seule population maritime. Des capitalistes japonais s'intéressent à l'exploitation des forêts de l'Oussouri et de l'Amour. La moitié septentrionale de l'île de Sakhaline, que le traité de Portsmouth avait laissée à la Russie, devient un champ d'exploitation pour les Japonais; ce sont eux qui fournissent le capital et la main-d'œuvre dans les mines, préparent la construction d'une voie ferrée et détiennent par leur agent d'Alexandrovsk une autorité de fait sur la zone russe de l'île. La société commerciale russo-japonaise d'Osaka résumait à la fin de 1918 ce qu'elle désirait pour les intérêts commerciaux du Japon en Sibérie orientale ; elle demandait que Vladivostok devînt port libre, que la navigation du Soungari et de l'Amour fût ouverte à tous les peuples, que le contrôle des chemins de fer de Sibérie orientale appartînt au Japon, qu'on mît la ligne de Tchang-tchoun à Kharbine au même écartement que le Sud-Mandchourien, qu'on étendît les droits de pêche du Japon et que le Japon achetât la partie septentrionale de l'île de Sakhaline. Ce serait étendre aux pays de l'Amour et aux mers bordières le contrôle économique du Japon. Aussi l'opinion japonaise s'émeut de toute initiative étrangère en ces régions comme d'une menace faite aux intérêts japonais ; elle rappelle avec quelle défiance les Américains soupçonnent toute entreprise étrangère et particulièrement toute démarche japonaise au Mexique. « Si la doctrine de Monroe, écrit M. Kawakami[1], s'applique au Mexique, pourquoi le Japon ne surveillerait-il pas les régions d'Extrême-Orient voisines de ses îles ? »

VI

LE JAPON ET LA CHINE

C'est la Chine avec ses immenses ressources et son énorme population que vise surtout l'ambition japonaise ; c'est là aussi qu'elle rencontre plus forte et plus décidée la compé-

1. Kawakami, K. K. *Japan and World Peace*. New-York, Macmillan, 1919, p. 90-1.

tition des grandes nations commerçantes du monde. L'Allemagne paraît évincée pour longtemps; les entreprises allemandes du Chantoung fonctionnent maintenant au profit des Japonais. Malgré l'alliance britannique, les intérêts anglais et les intérêts japonais en Chine se heurtent souvent; des frictions nombreuses échauffent les esprits, particulièrement à cause de la vallée du Yangtsé qui joue, par l'appât de ses abondantes ressources, le rôle d'une Terre promise; les Japonais se plaignent de toujours rencontrer comme rivaux des Anglais pour les concessions de voies ferrées, de mines, d'usines électriques. En Chine, le Japon trouve encore sur son chemin les entreprises américaines; il partage avec les États-Unis le rôle de banquier du Céleste Empire ; il doit admettre leur coopération. Cependant sa situation géographique lui donne de tels avantages qu'il a pu prendre pied solidement sur la terre chinoise et conquérir dans les affaires du pays une position dominante. Une revue américaine, « Asia », fondée pour l'étude des questions d'Asie, dénonce les ambitions du Japon sur le Chantoung comme l'expression de la politique qui annexa la Corée, qui japonise la Mandchourie, qui fait la police dans le Foukien ; elle résume à ses lecteurs le problème d'Extrême-Orient en ce dilemme : « China : colony or nation ? — Japan : conqueror or leader of the Orient[1]. »

Les formes de l'expansion japonaise en Chine. — Dans le domaine économique, le Japon considère la Chine comme un réservoir de matières premières et comme un marché d'articles manufacturés ; il la conçoit, telle qu'elle est à ses portes, comme une immense colonie d'exploitation dont l'indépendance politique importe peu, à condition qu'on puisse tirer profit de sa dépendance commerciale. « Pour faire vivre sa forte population, le Japon doit devenir un pays industriel et, pour cela, posséder fer et charbon, bases de l'industrie moderne. Il est loin de se suffire en fer ; quant au charbon, il en exporte, mais il en possède peu qui soit propre à la fabrication du coke. La Chine est le pays auquel le Japon doit logiquement et naturelle-

1. *Asia*, mars 1919, p. 209.

ment faire appel pour avoir du minerai de fer et du charbon à coke. Voilà pourquoi il veut s'assurer des concessions minières en Chine avant que mines et charbonnages chinois soient tous hypothéqués par les nations de l'Occident[1]. » En face d'une production de 324000 tonnes de minerai correspondant à 160000 tonnes de fonte, le Japon a consommé, en 1917, 1300000 tonnes d'acier et de fonte. Ces chiffres montrent les dangers qui attendent la métallurgie japonaise si elle est réduite à toujours dépendre de l'étranger pour le fer. Déjà ce sont des capitaux japonais, fournis par la Yokohama Specie Bank, qui contrôlent les mines de fer de Tayeh, sur Yangtsé ; d'après un récent contrat, la compagnie chinoise qui possède et exploite ces mines ainsi que les établissements métallurgiques de Hanyang doit fournir aux mines japonaises de Wakamatsu 8 millions de tonnes de fonte et 15 millions de tonnes de minerai en quarante livraisons annuelles à partir de 1914. La livraison de 1915 s'éleva à 110000 tonnes de fonte et 250000 tonnes

1. Kawakami, *Japan and World Peace*, p. 163-4.

de minerai[1]. Mais les besoins du Japon dépassent de beaucoup ce qu'il peut recevoir ainsi ; il a un intérêt capital à surveiller toutes les sources de fer du bassin du Yangtsé. Un groupe japonais vient de fonder une grande société métallurgique qui, exploitant les mines de Tao Choun dans la province de Ngan-houi, doit produire annuellement plus de 300000 tonnes de fer et d'acier. D'autres mines de fer, en instance de concession dans la région de Nankin, n'échapperont pas au Japon. Il voit, dans l'acquisition de ces gisements de minerai, une condition de son existence économique.

Inversement, le marché chinois doit absorber les articles manufacturés du Japon. Ce sont les commerçants japonais qui héritent, pour une grande partie, de la clientèle allemande. Courtier maritime et bailleur de fonds, le Japon complète sa situation en devenant le grand fournisseur des produits ouvrés, filés et tissus de coton, bonneterie, sucre, machines d'industrie, machines électriques. Ses exportations vers la Chine (le Kouang-toung excepté) se sont

1. Kawakami, *ibid.*, p. 163-6.

élevées de 67,9 millions de yen en 1904 à 162 en 1914 et 318 en 1917. Pour étendre son domaine d'action, il perfectionne chaque jour ses moyens de propagande, augmente le nombre de ses consuls, accroît le personnel de sa légation de Pékin. Si les nations anglo-saxonnes conservent encore la prépondérance dans le commerce chinois, leur supériorité n'est plus incontestée ; le commerçant nippon se prépare à la vaincre.

Pour pénétrer et dominer l'économie de la Chine, le Japon a pu, durant la guerre, forger une arme puissante : la finance. En devenant le bailleur de fonds d'un gouvernement menacé par la faillite et l'insurrection, le Japon a préparé tout à la fois le placement de ses capitaux et l'asservissement économique de son débiteur. Ses manœuvres et ses démarches l'ont même rendu suspect à beaucoup de Chinois qui redoutent pour leur pays la dépendance. Il est difficile de connaître exactement les emprunts de la Chine au Japon, car ni le créancier ni le débiteur n'aiment à publier leurs affaires. On les évalue, depuis le début de la guerre jusqu'au mois d'août 1918, à 200 ou 225 millions de dollars[1]. Dans le courant du premier semestre de 1918 seulement, ils se sont élevés à près de 60 millions de dollars. Destinés surtout à payer la solde des troupes et à acheter des armes, ils engagent presque tous une richesse nationale qu'ils livrent au Japon : revenus de la vente des tabacs, revenus de l'exploitation des télégraphes et téléphones, revenus des chemins de fer de Mandchourie. On hypothèque les forêts des provinces de Heilungkiang et de Kirin contre le vœu des habitants qui déclarent que, si ces forêts tombent aux mains du Japon, ils n'auront plus ni bois de charpente, ni bois de chauffage. Ailleurs on engage des mines : mines de plomb et de zinc du Hounan antérieurement concédées à la maison allemande Carlowitz et qui passent à des Japonais ; mines de fer du Mont Phénix (Foung houang Chan), près de Nankin fournissant un minerai excellent que des usines japonaises transformeront sur place ; mines du Kouang-toung concédées à la banque japonaise Mitsui Bussan Kaisha. Ailleurs on accorde des voies ferrées à construire : ligne

1. *Asia*, mars 1919, p. 216 ; — *Asie française*, janvier 1919, p. 144-145.

de Tsi-Ho à Chouen-te-fou (Chantoung) primitivement donnée à des Allemands; ligne de Kirin à Houei-lin longue de 446 kilomètres. Ces placements de capitaux entraînent avec eux des fournitures de marchandises ; ils imposent, comme condition, que des commandes soient faites à l'industrie japonaise : matériel télégraphique et téléphonique, matériel électrique, matériel de guerre. Ce sont les mêmes méthodes que l'Europe avait appliquées partout à l'expansion de son commerce : le Japon les apporte en Chine. Comme tout s'enchaîne, il faut, afin que ces capitaux ne risquent rien, leur garantir en Chine une bonne administration financière ; il faut contrôler le système monétaire de la Chine ; au début de 1919, la mission financière du baron Sakatani vint à Pékin pour étudier la réforme monétaire et l'établissement de l'étalon or ; il arriva avec les allures d'un contrôleur plutôt que d'un conseiller ; en plaidant pour l'unité du système monétaire, il préparait un moyen d'action japonaise dans le commerce chinois. En 1918, une banque sino-japonaise s'ouvrit à Pékin avec un capital de 10 millions de yen souscrit par le Crédit Mobilier japonais, la

Banque de Corée et la Banque de Formose ; elle a le droit d'émettre des billets, de frapper monnaie ; elle joue le rôle d'une banque d'État chinoise.

Ces relations financières entraînent des résultats politiques. Si les emprunts se concluent par l'intermédiaire de banques privées, ils sont accordés avec l'assentiment de l'autorité officielle. Les banques nipponnes travaillent de concert avec le gouvernement ; elles suivent les inspirations de sa politique[1]. De même que, au point de vue économique, le Japon adhère aux principes de l'égalité du traitement et de la porte ouverte en Chine, de même, au point de vue politique, il s'engage en toute occasion à respecter l'indépendance et l'intégrité territoriale de la Chine. En fait, on voit morceau par morceau s'effriter cette indépendance et cette intégrité ; les principes restent saufs ; la réalité est tout autre.

Il n'est pas possible qu'un pays qui laisse entre les mains de l'étranger ses mines de fer, ses forêts, ses arsenaux, ses télégraphes et ses

1. *Asie française*, janvier 1919, p. 145-146.

téléphones conserve vis-à-vis de lui son indépendance. Chaque jour, la vie pratique consacre un nouvel abandon ou suggère un nouvel empiètement. Au début de la guerre, le Japon, qui demeurait en Extrême-Orient seul en face de la Chine, crut le moment venu d'assurer sa suprématie chez sa voisine ; en janvier 1915, le ministre du Japon à Pékin remettait au Président de la République chinoise une liste de demandes réparties en cinq groupes. Le cinquième groupe contenait certaines requêtes significatives. « Engagement par le gouvernement chinois de conseillers japonais ; concessions aux églises, écoles et hôpitaux japonais du droit de posséder des terrains en Chine ; introduction dans la police chinoise d'un certain nombre d'agents japonais ; achat obligatoire au Japon de la moitié au moins des munitions de guerre nécessaires à la Chine ; concession au Japon de trois lignes de chemin de fer dans la vallée du Yangtsé ; reconnaissance d'un droit de priorité aux capitaux japonais pour la construction des chemins de fer et des ports et l'exploitation des mines de fer du Foukien ; droit pour les sujets japonais de faire de la propagande religieuse en Chine. » La Chine dut céder à un ultimatum du Japon et accepter ces demandes ; mais elle en a toujours éludé l'exécution. Au reste, devant la violence de certaines manifestations antijaponaises et aussi le mécontentement des grandes puissances, le Japon qui avait publié ses ambitions n'insista pas pour les satisfaire et il revint à une méthode conciliante, dont l'occasion lui fut fournie par la déclaration de guerre de la Chine à l'Allemagne, au mois de septembre 1917.

La Chine et le Japon devenaient des alliés. Mais contre quel ennemi ? Le théâtre de la grande guerre était bien éloigné, et, à vrai dire, ni les destinées de la Chine, ni celles du Japon ne s'y jouaient. Heureusement le bruit des armes se rapprocha d'Extrême-Orient; les maximalistes russes menaçaient la Sibérie orientale et, par elle, la Mandchourie et la Corée ; il fallait parer au danger commun et arranger une collaboration militaire : de là, la convention militaire sino-japonaise du 30 mai 1918 dont le principe hautement proclamé était l'égalité des droits et des devoirs, mais dont le résultat devait être d'amener les troupes japonaises sur le territoire chinois « en vue de le défendre en commun contre l'ennemi. » A côté de l'accord militaire que l'on publia, il se fit des négociations dont on ne connaît pas le détail, mais plus ou moins inspirées par l'esprit des fameuses demandes de 1915. On peut en juger par quelques clauses : unification de l'instruction militaire et de l'armement; instructeurs japonais dans l'armée chinoise ; établissement d'arsenaux en commun ; conseillers japonais auprès des ministres de la guerre, de la marine et des finances ; agents japonais dans la police de Pékin, de Hankéou, de Nankin et d'autres grandes villes ; stations de télégraphie sans fil contrôlées par des officiers japonais ; ports chinois ouverts aux navires de guerre japonais. Cette coopération éventuelle à une expédition en Sibérie, ainsi que les conséquences connues ou secrètes de l'alliance japonaise, ne furent pas accueillies par tous les Chinois comme un bonheur national ; il y eut de violentes manifestations. Aussi on ajouta à la convention des clauses suivant lesquelles, aussi longtemps que l'invasion de l'Asie orientale par l'armée maximaliste ne serait pas un fait accompli, il n'y aurait pas de nécessité absolue d'exécuter la convention. Cette fois encore le Japon ne jugeait pas expédient de s'engager plus loin dans la voie des réalisations ambitieuses.

En attendant l'avenir, on ne néglige rien pour pénétrer et envelopper la Chine d'influences japonaises. Le Japon continue la propagande religieuse qui dès 1903 avait attiré au congrès de Kioto les fidèles du bouddhisme ; la société de bienfaisance Diojinkai, dont l'œuvre philanthropique a tant servi la politique nipponne en Corée, vient de créer en 1918 en Chine des hôpitaux de charité avec des dispensaires et des écoles de médecine ; trois établissements fonctionnent déjà à Hankéou, Tsinanfou et Nankin. Dans un autre ordre d'idées, au poste de télégraphie sans fil érigé à Hankéou avant la guerre, deux autres se sont ajoutés, l'un à Tsinanfou, le second à Tsingtao ; au début de 1919, on préparait à Pékin l'installation d'un autre poste qui communiquera avec l'Europe et avec l'Amérique. Ces moyens d'action se complètent par d'autres, par des missions commerciales, par des agences d'information, par des sociétés privées. Des colonies nipponnes, établies dans les grandes villes chinoises, propagent l'influence japonaise ; à Tientsin, à Tchéfou, à Tsinanfou, à Hankéou, à Shanghaï, à Foutchéou, à Amoy, à Swatow, elles tiennent un rôle actif dans l'économie de la ville. A Tsinanfou, la capitale du Chantoung, les Japonais peuplent, au voisinage de la gare, tout un quartier qu'ils administrent eux-mêmes ; au début de 1919, près de 200 maisons de commerce leur appartenaient, dont 63 pharmacies, 38 boutiques et bazars, 13 hôtels et auberges, 22 maisons de thé, 6 banques. A Shanghaï, on dénombre une dizaine de milliers de Japonais dont quelques-uns tiennent la tête dans le haut négoce ; à la fin de 1915, un Japonais, le baron Yoshiro-Fujimara, fut élu au conseil municipal de la concession internationale, battant de sept voix un candidat britannique[1].

Les régions d'expansion japonaise. — Échanges commerciaux, liens financiers, influences politiques, telles sont les formes de l'expansion japonaise en Chine. Cette expansion vise parti-

1. *Asia*, mars 1919, p. 220; — *Asie française*, mars 1916, p. 48.

culièrement deux régions où le Japon prend pied effectivement, au préjudice du principe de l'intégrité territoriale : la Mandchourie, pays-frontière au contact de la Corée, et le Chantoung, terre éminemment chinoise, au cœur de l'Empire du Milieu.

En Mandchourie, cette vaste province chinoise où passent la route de la Corée à Pékin et la route du golfe du Petchili aux pays de l'Amour, le Japon a largement étendu, durant la guerre, la sphère de son action. Pour satisfaire aux obligations financières qu'elle avait contractées vis-à-vis du Japon, la Russie signait elle-même avec son ancien ennemi une convention qui consacrait son déclin comme grande puissance d'Extrême-Orient. Cette convention cède au Japon le tronçon du chemin de fer transmandchourien compris entre Kouang-tchang-tsé au Sud et Kharbine au Nord ; elle déplace donc de plus de 200 kilomètres vers le Nord le terminus japonais de la grande ligne et le transporte jusqu'aux rives du fleuve Soungari qui lui ouvre ainsi l'accès par voie d'eau jusqu'au fleuve Amour. Le commerce de la Mandchourie du Nord, qui jusqu'ici débouchait à Vladivostok, sera de cette façon dérivé vers le port de Dalny (Dairen), près de Port-Arthur, à l'extrémité de la péninsule de Liaotoung qui commande le golfe du Petchili. En fait, toute la Mandchourie du Sud, au sud de Kharbine, tombe sous l'autorité du Japon. Il s'y conduit comme en territoire propre, fondant des centaines de maisons de commerce, contrôlant les entreprises industrielles comme les houillères et les minoteries, pratiquant la navigation commerciale du Soungari, projetant l'amalgamation des chemins de fer de Corée et de Mandchourie, demandant à la Chine la reconnaissance de ses « intérêts spéciaux » dans le Sud de la Mandchourie et l'Est de la Mongolie, réclamant même une sorte d'autorité et de surveillance sur les troupes chinoises de ces provinces ; l'armée chinoise serait ainsi, vis-à-vis de l'armée japonaise, dans une situation analogue à celle que l'armée turque eut vis-à-vis de l'armée allemande pendant la guerre. Ce serait faire de la Mandchourie une seconde Corée, et, comme l'on dit, la « coréaniser ».

On peut dire que la Mandchourie, excentrique par rapport à la Chine, n'est pas vraiment un morceau de sa chair. Il n'en est pas de même du Chantoung, membre essentiel du corps chinois, territoire trois fois plus vaste que la France, riche en gisements de houille, produisant de la soie. du coton et du chanvre, habité par une population de plus de trente millions d'âmes. Ce qui fait tout son prix, c'est la valeur de sa position sur les communications de la Chine du Nord avec la Chine du Centre ; en s'établissant à Kiao-tcheou, les Allemands avaient mis la main sur une porte de la Chine, donnant accès aux pays historiques du Petchili, menant aux bassins houillers du Chansi et ouvrant par le Nord les régions du Fleuve-Bleu. Pour exploiter cette remarquable situation, ils avaient construit le chemin de fer de Kiao-tcheou à Tsinanfou. Ce chemin de fer rencontre à Tsinanfou une autre grande ligne, construite par des capitaux allemands et anglais (1908-1913) et joignant Tientsin à Poukéou, en face de Nankin ; en outre, il devait être prolongé jusqu'à Chouen-te-fou, c'est-à-dire jusqu'à la grande ligne de Pékin à Hankéou[1]. Ce réseau ferré qui

1. *Asie française*, mars 1915, p. 14-16.

traverse ou qui longe le Chantoung constitue l'armature économique de cette région de la Chine ; il en est l'outil moderne d'exploitation. Aussi le Japon, ayant chassé l'Allemagne du territoire de Kiao-tcheou, veut garder, de l'héritage du vaincu, ce qui lui donne sa valeur commerciale, c'est-à-dire le contrôle des chemins de fer. Par une convention de 1918, il reconnaît le devoir qu'il a de rendre à la Chine le territoire occupé ; il se défend de velléités conquérantes ; il s'engage à retirer les troupes et les fonctionnaires qu'il a établis le long de la voie depuis Kiao-tchéou jusqu'à Tsinanfou. Mais il se montre décidé à rester le maître de la voie ferrée et de la position commerciale, à diriger l'exploitation de concert avec la Chine et à maintenir des Japonais dans le personnel. Il a fait une avance de 20 millions de yen pour prolonger la ligne de Chantoung jusqu'à Chouen-te-fou. Par ses soins, la ligne a fonctionné dès la fin des opérations militaires ; le commerce de Tsingtao a quadruplé de 1915 à 1916 ; la ville s'étend ; des quartiers nouveaux surgissent de terre, à l'américaine ; des usines se fondent ; on installe une colonie de sériciculteurs du

Shinano pour travailler dans une filature de soie. Il n'est pas douteux que le Japon occupe solidement cette porte de la Chine. On pourra masquer la réalité dans la rédaction des titres de possession, mais, en pratique, on ne changera rien au fait économique.

La mission du Japon et le péril blanc. — L'expansion du Japon, œuvre des industriels, des commerçants, des banquiers et des hommes d'État, n'est pas simplement un fait de civilisation matérielle. Ce qui la rend plus dangereuse pour l'Europe, c'est qu'elle devient, dans l'esprit des Japonais qui pensent et qui écrivent, une idée-force qui meut un vif sentiment d'orgueil national. L'impérialisme japonais n'agit pas seulement en vue de satisfaire des intérêts matériels ; il agit au nom d'une sorte de mission qui destinerait le Japon à devenir l'âme dirigeante du monde extrême-oriental. Leurs victoires passées sur la Chine et la Russie avaient déjà donné aux Japonais la croyance qu'ils formaient une nation choisie pour diriger et régenter les autres. La guerre européenne, qui laissa au Japon les mains libres en Extrême-Orient et qui l'appela même au secours des Alliés en Méditerranée et en Sibérie, vint renforcer cette conviction. Des sentiments puissants sont nés dans l'âme japonaise : la confiance en soi, la fierté patriotique, la conscience de la dignité nationale, la volonté d'agir pour le bien et pour la gloire du pays, la conviction que l'honneur et l'intérêt de la nation marchent de pair, la notion qu'un peuple qui a conquis de grands droits sur la terre s'est imposé de grands devoirs vis-à-vis de lui-même et vis-à-vis des autres.

Jusqu'à ces dernières années, l'Europe et l'Amérique ont été les tutrices de l'Asie orientale dans son apprentissage de la civilisation moderne. Elles gardent parfois devant ces pupilles un ton de condescendance et de dédain qui blesse la fierté japonaise. Le Japon sent bien qu'on lui reproche de n'avoir participé à la guerre que dans la mesure de ses intérêts et d'en avoir tiré des bénéfices disproportionnés aux sacrifices de son intervention. Quand il compare son rôle limité à l'énormité des dépenses de l'Amérique, il souffre qu'on puisse l'accuser d'avoir profité des infortunes de ses Alliés ; il voit bien que, si les Occidentaux lui reconnaissent la puissance militaire, ils ne lui accordent pas assez d'estime et de confiance. A ses yeux, cette défiance et cette sorte d'antipathie proviennent de la situation subalterne dont il s'est trop longtemps contenté, de la situation de « chien de garde » de l'Angleterre en Orient, et de la faible considération que les puissances blanches accordent aux peuples jaunes.

Pour occuper sa vraie place, le Japon doit être à la tête de l'Orient ; il doit défendre ses congénères de même couleur en revendiquant l'Asie pour les Asiatiques. L'Asie, rajeunie par le Japon, doit secouer la tutelle de l'Europe. Le premier et le plus grand des alliés du Japon, pour accomplir cette mission, sera la Chine, colosse encore informe, mais dont la force bien réglée serait irrésistible. Le devoir du Japon est d'élever la Chine, comme il élève la Corée, à son propre niveau de civilisation afin de fonder la grande alliance de l'Asie dont il sera le chef. C'est à lui que revient la tâche de diriger le progrès en Orient et même de civiliser le monde jaune. Il faut conjurer le péril blanc et contrecarrer par l'union de l'Asie l'influence de l'Europe. Cette grande ligue, dont le Japon serait le cœur, comprendrait les Chinois, les Malais, les Annamites, les Siamois et même les Hindous. Car, de l'avis des Japonais, les Anglais n'ont pas réussi dans l'Inde ; il est difficile de mettre d'accord et de faire vivre ensemble des Occidentaux et des Orientaux ; au contraire, il suffit d'un moment pour créer l'intimité entre un Japonais et un Hindou. « Les Japonais sont bien mieux préparés que les Anglais à la tâche de conduire les Hindous sur le chemin de la civilisation. »

Ce rôle de guide sur la route du progrès sera réservé aux Japonais de la génération qui monte. Il faut les y préparer ; il faut qu'ils se répandent parmi ces peuples dont ils seront les conseillers. Ce n'est pas assez que 500 000 Japonais vivent sur le continent asiatique : ils doivent y venir en plus grand nombre. Mais le nombre ne suffit pas. Il faut aussi la qualité, la valeur : le Japon enverra à l'étranger ses meilleurs éléments, ceux qui inspireront confiance aux hommes qu'on veut former et servir ; on renoncera aux pratiques de la malfaçon ; on fournira des produits loyaux ; on montrera des modèles d'éducation supérieure. Pour réussir dans cette mission, on apprendra les langues étrangères ; le Japonais les ignore ; s'il ne connaît pas le Chinois, il ne pourra jamais prendre contact vraiment avec la civilisation chinoise. Par cette connaissance des langues, on rapprochera les esprits, on préparera la solidarité du monde jaune et l'on réalisera le programme de « l'Asie aux Asiatiques ».

CHAPITRE VI

L'EXPANSION DES ÉTATS-UNIS

I

CARACTÈRES DE L'EXPANSION AMÉRICAINE

Parvenus à la suprématie capitaliste et métallurgique du monde, propriétaires d'une flotte marchande qui les rendra bientôt maîtres de leurs transports maritimes, les États-Unis sont devenus une puissance universelle. Ce n'est pas seulement le continent américain qui s'aggrège à eux; leur expansion déborde depuis longtemps hors du Nouveau Monde; elle pénètre maintenant au cœur même de la vieille Europe. Financiers, fabricants et négociants s'avancent de concert, les uns préparant la route aux autres, dans toutes les régions du monde où il existe une place à prendre, un débouché à conquérir.

Les Américains se sont jetés dans la bataille européenne, poussés non par l'esprit de lucre et l'espoir d'une bonne affaire, mais par le sentiment de l'honneur national et l'idée du devoir; ayant partagé nos dangers, ils ont beaucoup sacrifié pour notre victoire. Mais, la paix revenue, ils reprennent la lutte économique ; à la vérité, par la force des choses, elle avait duré pendant la guerre. Durant cette période, deux traits marquent nettement l'évolution du commerce extérieur des États-Unis. Le premier, qui est l'inflation extraordinaire du chiffre des exportations, doit s'atténuer avec le retour du monde vers des conditions de production normale. Si l'on compare les quatre années de l'avant guerre aux quatre années de la guerre, on voit que les exportations se sont élevées de 5615 à 13075 millions de dollars vers l'Europe, de 2120 à 3634 vers l'Amérique du Nord, de 511 à 847 vers l'Amérique du Sud, de 431 à 1231 vers l'Asie, de 234 à 427 vers l'Océanie, de 104 à 178 vers l'Afrique, et au total, de 9084 à 19393 millions de dollars; cet accroissement formidable provient, pour une bonne partie, de la hausse des prix[1]. Mais tout autrement significative pour le

1. *The Americas*, juillet 1918, p. 20-21.

commerce américain apparaît la répartition nouvelle des origines des importations; elle révèle une large extension des demandes américaines sur les marchés de matières premières du monde entier et une baisse énorme de ces mêmes demandes sur les marchés d'articles manufacturés du continent européen. Voici un tableau qui indique la part prise par chaque continent dans le commerce extérieur des États-Unis en 1912 et en 1918 (proportion pour 100 de la valeur totale de ce commerce)[1].

COMMERCE EXTÉRIEUR DES ÉTATS-UNIS

	Exportations		Importations	
	1912	1918	1912	1918
Europe	60	63	49	14
Amérique du Nord	23	20	20	31
Amérique du Sud	6	5	13	19
Asie	5	6	13	27
Océanie	3	2	2	4
Afrique	1	0,9	1	2

A l'exportation, les destinations du commerce extérieur des États-Unis ont peu changé. Il n'en

1. Consulter à ce sujet J Russell Smith. The American Trade Balance and probable Trade Tendencies. *Annals of the American Academy of Political and Social Science*, mai 1919, p. 86-117.

est pas de même à l'importation, pour les provenances; l'Europe a décliné fortement; toutes les autres parties du monde ont accru, en de larges proportions, leurs ventes aux États-Unis; on voit arriver, en masses considérables, de l'Amérique du Sud, le café du Brésil, du Vénézuéla et de la Colombie, la laine de l'Argentine et de l'Uruguay, le cuivre du Chili, les peaux de partout; de l'Amérique du Nord, les sucres des Indes occidentales, le sisal et le cuivre du Mexique, le bois du Canada; de l'Asie, les soies et les soieries de la Chine et du Japon, les textiles et étoffes de l'Inde, le caoutchouc de la Malaisie et des Indes hollandaises, les haricots soja et l'huile de la Chine et du Japon; de l'Océanie, la laine d'Australie et de Nouvelle-Zélande, le coprah et l'huile des îles; de l'Afrique, le coton d'Egypte. Ainsi les États-Unis, qui étaient devenus de grands fournisseurs d'articles manufacturés, tendent à devenir de grands acheteurs de matières premières; leur expansion commerciale ne s'accomplit plus seulement par la conquête de débouchés commerciaux, mais encore par le développement de leur puissance d'achat laquelle, issue de leur capacité de fabrication, devient elle-même un facteur essentiel de rendement manufacturier. Comme dans un être adulte de mieux en mieux équilibré, toutes les fonctions concordent à créer de l'énergie et du mouvement.

A cette expansion qui semble maintenant comme une condition fondamentale du fonctionnement de leur machine à produire, les États-Unis préparent des terrains dans le monde entier. Déjà des organes spéciaux la guident et la soutiennent. Sur l'initiative de la National City Bank de New-York, il s'est fondé en 1915 une entreprise appelée American International Corporation[1]. Œuvre d'un groupe de banques et de firmes travaillant pour l'exportation, elle se propose de rechercher, d'entreprendre et de financer dans le monde toutes les affaires que peuvent suggérer les principes de l'économie moderne: chemins de fer, tramways, ports, docks, entrepôts, télégraphes, téléphones, chutes d'eau, mines, usines, exploitations agricoles et pastorales. On veut promouvoir partout le progrès humain selon les méthodes américaines,

1. Lewandowsky, *Ouvr. cité*, p. 682-684.

avec les capitaux américains, pour le plus grand profit de l'Amérique. L'Europe a consacré des siècles à établir sa suprématie universelle : c'est en quelques décades, à l'américaine, que le monde sera converti à la nouvelle puissance. Pour édifier cette hégémonie, l'État garantit son aide aux entreprises privées. Ce même État fédéral qui se montra dans l'économie intérieure l'ennemi acharné des combinaisons d'intérêts, des cartels et des trusts, cet État qui voulut chez lui interdire aux forts d'écraser les faibles, nous le voyons maintenant dans l'économie extérieure favoriser la formation d'unions commerciales pour l'exportation ; on cherche, sous sa protection, à opposer aux acheteurs étrangers une colossale organisation de vente capable de maintenir les cours sur les marchés du monde. La loi Sherman avait aboli les trusts à l'intérieur ; la loi Webb permet aux producteurs américains de s'entendre et de s'unir pour la vente à l'extérieur. Cette loi même ne suffit plus ; des groupes d'exportateurs demandent qu'on autorise ces combinaisons non seulement pour l'exportation des produits nationaux, mais encore pour l'importation des produits étrangers ; ils montrent que, dans certaines parties du monde, les ventes d'une maison d'exportation ne sont guère possibles que si elle peut accepter en paiement des matières premières ou d'autres produits ; si elle ne le peut pas, elle se trouve dans une situation désavantageuse vis-à-vis des associations d'exportateurs européens ; il faut pouvoir lutter à armes égales.

C'est une offensive économique qui s'engage pour enchaîner au char de l'Amérique les groupes humains qui suivaient naguère encore la fortune de l'Europe. Nous devons chercher sur quels points de la terre la fortune de l'Amérique a fait ses progrès les plus marqués.

II

LES ÉTATS-UNIS EN ASIE ET EN EUROPE

Depuis le jour où un amiral américain força le vieux Japon à ouvrir ses portes au commerce des Blancs, l'Extrême-Orient n'a pas cessé d'exercer son attraction sur l'Amérique. La façade des États-Unis qui regarde vers le Pacifique n'est plus une simple ligne de côtes battue par les vagues d'un océan inutile : elle est une base d'action pour le grand commerce. Au delà des Hawaï et des Philippines, sur les côtes opposées, vivent des communautés humaines chez lesquelles toutes les nations mercantiles ont voulu prendre pied : les États-Unis apportent à ces relations une attention croissante. Sous les auspices de l'American Asiatic Association, l'étude de l'Extrême-Orient et des Mers du Sud se poursuit dans les milieux commerciaux et dans les cercles instruits ; une revue élégante, très bien illustrée, « Asia » publie, chaque mois, en de courts articles, les matières propres à éveiller l'intérêt du grand public pour ce grand continent. Les affaires se fondent ou s'étendent ; de grandes maisons à succursales nombreuses couvrent déjà le pays d'un réseau d'influences américaines. L'East European Trading C° de New-York a des bureaux à Vladivostok, Kharbin, Irkoutsk, Krasnoiarsk, Tomsk, Omsk, Tachkent, Samarcande. Deux maisons de Seattle ont leurs succursales étrangères à Kobé et à Shanghaï. Une agence d'importation et d'exportation, représentant plusieurs grandes entreprises américaines d'électricité, de machines à écrire, de caoutchouc, de fils de fer, d'automobiles, s'est établie à Hong-Kong (Shewan, Tomes and C°), avec des succursales à New-York, Londres, Shanghaï, Tientsin, Canton, Yunnanfou et Kobé. La puissante Standard Oil C° a des ramifications dans les principales villes du Japon, de la Chine, de l'Indo-Chine, du Siam, des Philippines, des Straits Settlements, des Indes néerlandaises, de l'Inde. Aucun pays d'Asie ne laisse indifférente l'entreprise américaine : elle y arrive avec la volonté de ne tolérer la main-mise de personne et l'idée de s'y tailler un domaine proportionné à sa force.

En Chine, les États-Unis s'appliquent, avant tout, à maintenir libre le terrain commercial. Le Japon ne considère pas l'indivisibilité de la Chine comme un dogme ; il semble accueillir l'idée d'un démembrement et le principe de diviser pour régner. Pour les États-Unis, au contraire le maintien de l'intégrité de la Chine garantit la porte ouverte à tous ceux qui veulent, sur un pied d'égalité, commercer avec le grand pays ; aux yeux de beaucoup d'Américains, leur nation ne doit pas se faire la complice d'une politique qui abandonnerait au Japon les quarante millions de Chinois du Chantoung et qui consacrerait la spoliation d'une associée et protégée. Officiellement, les deux points de vue se sont accordés dans les termes d'une note de novembre 1917 qui laisse intactes les deux positions. « Le gouvernement des États-Unis reconnaît que le Japon a des intérêts particuliers en Chine, principalement dans les régions auxquelles confinent ses possessions. La souveraineté territoriale de la Chine reste néanmoins intacte, et le gouvernement des États-Unis a toute confiance dans les assurances répétées du gouvernement impérial japonais que, tandis que sa situation géographique confère au Japon des intérêts spéciaux, il n'a nullement l'intention de faire obstacle au commerce des autres nations et de ne point tenir compte des droits concédés par la Chine dans ses traités avec les autres puissances ». Ce sont là des mots qui permettent d'attendre que les événements s'expriment eux-mêmes. En fait, le commerce américain, qui fut longtemps inexpérimenté dans le maniement du marché d'Extrême-Orient, prend de l'assurance, gagne du terrain et implante ses affaires à côté des établissements européens et japonais. Placements de capitaux, entreprises industrielles, emprunts, les États-Unis tiennent en main déjà un solide noyau d'affaires. Les chantiers de construction navale de Shanghaï (Shanghaï Dock and Engineering C°) travaillent avec l'appui de banquiers américains ; dès 1917, ils ont construit, pour le compte des États-Unis, des cargos destinés à transporter du charbon vers les Philippines ; en 1918 d'autres commandes de navires d'acier sont venues d'Amérique. Les premières usines de coton employant les méthodes et les machines américaines se sont construites à Tien-tsin en 1917 ; les machines motrices viennent de New-York, les machines textiles de Lowell et de Worcester (Massachusetts)[1] ; d'autres usines se construisent à Shanghaï. En octobre 1916, l'American International Corporation acquit le privilège de construire 1100 milles de chemins de fer en Chine et le droit de réparer le Grand Canal. La Chicago Continental Commercial Bank consentit en novembre 1919 un emprunt de trente millions de dollars au gouvernement chinois ; en juillet

1. *Asia*, 1917, p. 470-471.

1918, des banquiers américains s'entendaient pour accorder un autre emprunt à la Chine[1]. Toutes ces démarches américaines n'éveillent pas en Chine les mêmes inquiétudes que les démarches japonaises; le peuple chinois accueille avec sympathie les Yankees ; leurs œuvres philanthropiques n'apparaissent pas encore comme les mesures préparatoires d'une avance impérialiste ; à Pékin et à Shanghaï, les enfants de la bonne société fréquentent des écoles américaines; à Soochow, à Nankin et dans le Setchouen, les Américains ont fondé des hôpitaux et des écoles de médecine dont certains gradués vont achever leurs études aux États-Unis. L'influence américaine pénètre dans la société chinoise ; elle prépare le chemin aux affaires ; ce qu'elle gagnera sera perdu par l'influence européenne.

D'autres pays de l'Extrême-Orient et du Pacifique s'engagent en des relations de plus en plus étroites avec les États-Unis ; et, parmi eux, des colonies européennes. Le courant commercial qui avant la guerre se dirigeait des Indes néerlandaises vers l'Europe se détourne en

1. Kawakami, *Ouvr. cité*, p. 156.

partie vers les États-Unis. Ce pays tropical, si riche et si peuplé, apparaît aux Américains ainsi qu'aux Japonais comme un magnifique champ d'affaires ; la revue « The Americas » publiée par la National City Bank de New-York, lui consacre toute son attention ; elle le considère comme un débouché précieux pour le matériel des exploitations pétrolifères, des mines métalliques, des chemins de fer et des usines ; elle annonce[1] avec satisfaction la mission de M. K. F. van den Berg, directeur de la Banque de Java, venue aux États-Unis pour établir des relations financières. Déjà le progrès des échanges révèle l'importance des rapports qui se nouent.

COMMERCE DES INDES NÉERLANDAISES AVEC LES ÉTATS-UNIS

(en millions de dollars.)

	Importations venant des États-Unis	Exportations vers les États-Unis
1914. . . .	2,4	4,3
1918. . . .	19,7	80

Un quart des exportations des Indes néerlandaises s'en vont aux États-Unis ; elles leur

1. *The Americas*, septembre 1919, p. 7-12.

envoient du tapioca, du caoutchouc, de l'étain, du poivre, du copra, du café, du cacao, du quinquina, du thé, du chanvre ; elles en reçoivent des articles en fer et en acier, du matériel d'irrigation, des automobiles, des machines et des appareils électriques, des locomotives, des meubles, des produits chimiques. Vers l'Australasie, les exportations des États-Unis ont doublé de 1913 à 1918 ; sur ces marchés anglo-saxons ils accroissent largement leur place comme fournisseurs de produits manufacturés. « Ils sont servis par leur proximité relative, par des communications maritimes directes, par le prestige technique et commercial dont ils jouissent auprès des Australiens, par l'intensité et l'habileté de leur réclame, par le fait que leur outillage agricole s'adapte parfaitement aux conditions de l'Australie et de la Nouvelle-Zélande[1]. » Par l'abondance et la riche illustration de leurs catalogues et de leurs revues, ils mettent à profit la communauté des langues ainsi que des poids et mesures. Leurs ventes à

1. *Mission française en Australie* (Secrétaire général, M. A. Siegfried). Paris, imprimerie Lahure, 1919, p. 67. Voir aussi *Mission française en Nouvelle-Zélande*, p. 50-52.

l'Australie ont passé, de 1913 à 1916-7, de 624 milliers de livres sterling à 1 703 pour les tissus et vêtements, de 435 à 978 pour les cuirs et les caoutchoucs, de 403 à 845 pour les papiers, de 178 à 471 pour les produits pharmaceutiques et chimiques. De 1913 à 1916, leurs ventes à la Nouvelle-Zélande se sont élevées de 203 milliers de livres sterling à 590 pour les automobiles, de 0 à 305 pour les pneumatiques, de 1 à 44 pour les motocycles, de 0 à 28 pour le verre, de 1 à 54 pour les bas et les chaussettes, de 71 à 103 pour les machines électriques, de 19 à 98 pour les tissus de coton. On peut dire que les Américains sont, avec les Japonais, les successeurs des Allemands sur les marchés de l'Australasie et qu'ils deviennent pour les Anglais eux-mêmes de redoutables concurrents. Cette rivalité est un épisode de la grande évolution économique qui prépare la fortune de l'Océan Pacifique aux dépens de l'Océan Atlantique.

Dans le mouvement d'expansion qui entraîne l'action américaine vers les pays étrangers, il n'est pas de tendance plus expressive, plus originale que celle qui la porte vers l'Europe ; nous voyons se renverser d'Ouest en Est un courant d'influence qui, durant des siècles, coula d'Est en Ouest. Jadis nourris de notre sève, les États-Unis transfusent maintenant leur énergie à notre vieux continent. Depuis longtemps déjà, les Américains avaient adopté vis-à-vis de l'Europe une économie défensive. Il s'agissait pour eux, à l'abri de tarifs durement protectionnistes, de fonder des industries nationales et de produire davantage afin de moins acheter à l'étranger ; derrière cette muraille de droits, l'Amérique avait développé ses manufactures au détriment des manufactures européennes ; elle pouvait produire non plus seulement pour consommer, mais encore pour vendre. Et maintenant l'économie offensive succède à l'économie défensive ; capitaux et produits américains s'offrent à l'Europe appauvrie et démunie.

C'est bien avant leur intervention militaire que les États-Unis avaient commencé à préparer cette offensive de paix. Au début de 1917, le Congrès du commerce extérieur de Pittsburg mettait à l'étude un vaste programme d'expansion en Europe ; il s'agissait de rechercher les marchés européens et de scruter leur avenir, de perfectionner les méthodes d'exportation et de coordonner les intérêts nationaux en vue du commerce extérieur. Consuls et diplomates américains firent des enquêtes sur place ; on s'efforça d'éclairer les milieux commerciaux par des conférences et par des tracts ; on multiplia les cours de langues européennes ; on recommanda même l'usage du système métrique si clair et si simple ; et surtout on s'efforça de réaliser la coopération intime entre les industriels, les commerçants et les banques, coopération qui avait tant servi à l'expansion allemande. Par un étonnant retour des choses, l'Europe, mère de tant de colonies, devient une terre de colonisation américaine. Aucun pays d'Europe, depuis le plus arriéré jusqu'au plus avancé, n'échappe à cette puissante collaboration ; on voit les hommes d'affaires américains avec leurs capitaux et leurs produits s'établir aussi bien chez les peuples de l'Orient slave que chez les peuples de l'Occident britannique, germanique et latin.

La Grande-Bretagne est la seule grande puissance européenne dont la guerre n'ait pas ébranlé trop profondément les assises économiques ; moins atteinte que ses alliés et que ses ennemis du continent, elle continue à tirer de ses placements extérieurs des revenus énormes ; avec ses dominions d'outremer, elle constitue toujours une forte communauté ; pour se restaurer après la guerre, elle montre l'énergie tenace qui a fait sa grandeur ; dès le lendemain de l'armistice, on revoyait ses bateaux et ses voyageurs sur ses anciens marchés ; nulle part elle ne lâche prise ; et même elle prend pied sur de nouvelles positions. Mais elle ne peut pas éviter la poussée américaine, et cette poussée la heurte parfois en des points sensibles de son organisme économique. Ne voyait-on pas dès 1916 des financiers américains offrir des capitaux pour remettre en exploitation une houillère d'Irlande? En 1919, une maison américaine proposait de livrer aux éditeurs anglais les livres imprimés pour un prix inférieur de 25 pour 100 aux prix normaux d'Angleterre. Mais il y a de plus graves sujets d'inquiétude pour l'économie britannique. Les conditions du travail dans les mines britanniques ont tellement souffert de la guerre que l'extraction de la houille ne suffit plus aux besoins de l'exportation et que son prix de revient réduit son rayon de vente : aussi le charbon américain arrive dans les ports d'Europe d'où il chasse le charbon britannique ; on en débarque de grosses cargaisons dans les ports français et dans les ports danois ; cet élément incomparable de fret maritime va-t-il manquer à la flotte britannique ? Beaucoup de produits américains sont prêts à se mesurer avec les produits britanniques sur le marché britannique. A plus forte raison, les menacent-ils sur les marchés coloniaux : au Canada, pour hâter la remise en train du pays, on a dû abaisser sur plusieurs marchandises et particulièrement sur les machines agricoles les tarifs préférentiels qui favorisaient la métropole.

En France, les capitaux américains s'offrent soit pour la restauration des pays dévastés, soit pour l'entreprise de travaux publics, tels que l'aménagement de la Seine et du Rhône. Les travaux des ingénieurs, venus chez nous avec l'armée américaine, nous ont révélé leur esprit d'initiative ; de leur côté, certaines de nos habitudes routinières n'ont pas échappé à leur perspicacité ; ce qu'ils ont accompli sur notre territoire pour le travail de guerre leur donne l'idée de ce qu'ils pourraient y faire pour le travail de paix ; à leurs yeux, la France peut devenir une terre d'expérience pour le génie américain. « La France, peut-on lire dans le *Philadelphia Inquirer* du 21 décembre 1918, ne peut se lasser d'admirer cette œuvre gigantesque du port de Bordeaux qui a consisté à draguer la Gironde, à bâtir des kilomètres de quais, des quantités de magasins et de chemins de fer. L'Amérique va-t-elle continuer à réveiller la France de sa léthargie administrative? » Recevoir d'Amérique, à la faveur de larges ouvertures de crédit, les matières premières et les objets manufacturés dont elle a besoin pour se refaire, c'est un service assurément que la France attend des États-Unis. Mais il ne paraît pas à souhaiter que des capitalistes étrangers viennent chez nous financer notre production industrielle et contrôler notre vie économique ; l'expansion américaine en France doit être une collaboration et non pas une colonisation.

L'entreprise américaine vise les pays germaniques. Dès l'armistice, des missions viennent en Allemagne pour acheter en masse des produits chimiques; l'American Trading C° ouvre des bureaux à Berlin ; on achète des usines en Autriche et dans la région rhénane. En Suisse, un consortium américain se propose à la fin de 1919 d'offrir aux chemins de fer fédéraux les capitaux et le matériel nécessaires pour l'électrification du réseau. Par Dantzig, des produits américains, coton et machines, pénètrent en Pologne. Une commission d'études visite la Tchéco-Slovaquie[1]. Dans les pays scandinaves, l'Amérique cherche à prendre le rôle d'intermédiaire qui fit la fortune de Hambourg ; les représentants de plusieurs firmes américaines se réunissent en juin 1919 à Copenhague afin d'y constituer une Centrale de vente ; on prépare la création d'agences dans les ports de la Baltique ; on veut faire de Copenhague le centre de distribution des marchandises américaines à destination du Danemark, de la Suède, de la Norvège, de la Finlande et même de la Russie et de l'Allemagne ; enfin la maison Ford projette d'installer à Copenhague une usine monstre pour le montage des automobiles venues d'Amé-

1. *Expansion économique*, août-septembre 1919, p. 93-94.

rique en pièces détachées. Il se fonde à Bergen un Institut des Sciences commerciales destiné à renseigner les marchands américains sur les pays scandinaves.

En Espagne, de remarquables progrès ont été accomplis par les États-Unis : de 1913 à 1917, leurs ventes y passèrent de 167 à 776 millions de pesetas ; celles de la Grande-Bretagne de 244 à 100, celles de la France de 204 à 144. Durant l'année 1918, les États-Unis ont expédié plus de marchandises à l'Espagne qu'à aucun autre pays neutre du monde, l'Argentine exceptée. A bien des égards, c'est une terre presque vierge que la terre espagnole, riche de trésors négligés qu'il faut ouvrir et exploiter ; les Américains en ont la notion nette, et nous les y trouvons un peu partout, affairés et entreprenants ; les uns prospectent le pays et achètent des mines ; les autres fondent des usines et mettent à profit le bas prix de la main-d'œuvre locale ; d'autres placent le coton, le pétrole, le bois, les machines, les automobiles, les machines à écrire, les machines agricoles et étudient l'aménagement des chutes d'eau pour vendre du matériel hydro-électrique. De nombreux Américains vivent à Barcelone ; en 1917, ils y fondaient une Chambre de Commerce. Sur les rives de l'Atlantique, le magnifique port naturel de Vigo semble s'ouvrir vers l'Ouest comme une porte de l'Europe ; les ingénieurs américains rêvent d'en faire pour leur pays un point d'attache du grand trafic océanique ; ils projettent d'y aménager tout l'équipement d'un port moderne, d'y entretenir un vaste dépôt de charbon et d'y amener une voie ferrée directe qui gagnerait la France par Irun[1].

Dans l'immense Russie, les agents de l'expansion américaine se rencontrent maintenant avec ceux de l'Europe occidentale. Comme garantie de leurs créances, les Américains possèdent des concessions de mines d'or en Sibérie, de mines de cuivre en Caucasie, de mines de fer dans l'Oural. Leurs experts recherchent du pétrole et du charbon dans l'île de Sakhaline. Le Transsibérien va se réparer avec du matériel américain. La plupart des villes sibériennes ont un consulat américain. En Russie d'Europe, on voit la National City Bank étudier les conditions

1. *The Americas*, juillet 1919.

du crédit ; une mission de négociants américains, au nombre desquels se trouvait le président de l'International Harvester C°, visitait en 1916, Moscou Nijni-Novgorod, Kiew, Odessa, le Caucase ; la même année se fondait une société russo-américaine pour la construction de chemins de fer et pour l'exploitation des forces hydrauliques. On songe à l'établissement d'un câble sous-marin entre la Russie et les États-Unis et d'un service de bateaux entre New-York et Odessa. Au cours de l'année 1919, le gouvernement des Soviets accordait des concessions à des Américains ; il s'agit d'une voie ferrée allant de l'Obi à Kotlas et, de là, vers la Côte Mourmane et vers Petrograd, ainsi que d'un autre réseau dans la Russie du Nord ; dans le cas où la société découvrirait aux abords de la voie des gisements métallifères, elle aurait le droit d'ouvrir des mines et de construire des usines ; pour faciliter les opérations commerciales, les entrepreneurs obtiennent le droit d'ouvrir, dans les gares et dans les villes voisines de la voie ferrée (Arkhangel, Vologda, Viatka, Ekaterinenburg, Moscou, Perm, Petrograd, Yaroslav, Viéliki-Oustioug) des

« Caisses de règlement de comptes » au nom de la Société. Ce sont partout de larges perspectives qui s'ouvrent aux entreprises américaines ; ce sont des affaires qui se préparent pour le lendemain de la pacification.

Il n'est pas jusqu'aux régions reculées du vieux continent qui ne cèdent à l'attraction de l'Amérique. Les commerçants américains savent toute l'importance du négoce grec et de la marine grecque dans le bassin oriental de la Méditerranée et dans le Levant ; ce sont les intermédiaires obligés de tout commerce ; aussi, depuis le début de 1919, les États-Unis entretiennent un représentant commercial en Grèce. D'Abyssinie, une mission est partie aux États-Unis en 1919 pour y nouer des relations commerciales ; ce pays d'Afrique, riche et peuplé, consomme déjà beaucoup de cotonnades américaines ; sous le nom de « Americani », elles y circulent même comme monnaie ; des rapports plus étroits ouvriraient ce marché aux autres étoffes, aux machines à coudre, à la verrerie, aux armes, à la coutellerie de la Nouvelle-Angleterre ; les consuls américains représentent l'Abyssinie comme un débouché de grand avenir où les États-Unis, assurés de la sympathie des habitants, auraient peu d'efforts à faire pour conquérir la primauté. De l'autre côté de l'Afrique, dans le bassin du Congo, le négoce américain s'implante aussi ; à la fin de 1914, les commerçants du Congo belge durent s'adresser aux États-Unis pour obtenir les approvisionnements qui jusqu'alors arrivaient par les lignes de steamers européens ; cette dérivation de trafic, imposée par les circonstances, semble devenir permanente et l'Amérique reste l'un des gros fournisseurs de l'Afrique occidentale.

Ainsi l'on voit, partout en Europe et partout à ses portes, se présenter les hommes d'affaires de l'Amérique, porteurs de capitaux et de marchandises, forts des richesses dont la guerre a démontré l'incroyable abondance et généralisé l'expansion universelle.

III

LES ÉTATS-UNIS ET L'AMÉRIQUE LATINE

Dans leur propre continent, dans l'Amérique latine, les États-Unis ont développé un large domaine d'expansion dont ils disent volontiers qu'il leur appartient en propre ; car, à leurs yeux, les deux Amériques, unies l'une à l'autre par des liens moraux et naturels, sont faites pour vivre ensemble beaucoup plus que pour s'associer avec l'Europe.

Dès le début de leur existence, les colonies européennes des deux Amériques ont eu entre elles des rapports économiques engendrés par la diversité même de leurs ressources ; tandis que les colonies de plantations des régions chaudes travaillaient à produire des denrées commerciales comme le coton, le sucre et le tabac, les colonies de peuplement des régions tempérées produisaient les denrées alimentaires telles que les céréales et la viande ; il y eut ainsi très tôt, le long de la côte atlantique de l'Amérique, des courants d'échanges qui furent les premiers éléments d'une solidarité économique. Aujourd'hui les différences d'évolution entre les pays américains ont préparé d'autres raisons de solidarité ; tandis que les États-Unis de l'Amérique du Nord sont devenus une puissance industrielle à la moderne, les nations de l'Amérique latine restent encore presque toutes au stade agricole. Aux États-Unis industrialisés il est nécessaire d'avoir des marchés extérieurs pour leurs articles manufacturés. L'Amérique latine leur offre un de ces marchés; avec sa population composée pour les trois quarts d'Indiens, de Nègres et de métis, elle ne représente pas encore un grand pouvoir d'achat; mais c'est une communauté humaine de 50 millions d'habitants qui s'accroît et se civilise. Le percement de l'isthme de Panama a mis la côte pacifique de l'Amérique du Sud à une distance beaucoup plus courte des régions industrielles des États-Unis. Ainsi les États-Unis ont pu concevoir naturellement la conquête des marchés de l'Amérique latine.

Ce qui donne un intérêt puissant à ce domaine d'expansion, c'est que les États-Unis y trouvent l'Europe fortement établie et qu'une longue lutte sera nécessaire pour lui enlever ses positions. Jusqu'ici l'Europe avait, comme agent financier, dominé l'Amérique latine ; le flot du capital européen était venu donner la vie à ces pays neufs. Nous étions, nous Européens, les conseillers et les maîtres de leurs démarches financières ; nos banquiers et nos marchands faisaient de longs crédits à leurs clients sud-américains ; les négociants yankees, moins expérimentés, accordaient peu de facilités. Une grande partie du commerce des États-Unis avec l'Amérique du Sud se faisait par l'intermédiaire des hommes d'affaires d'Angleterre, de France, d'Allemagne et d'Italie. Le commerce en gros de commission appartenait aux banques européennes, toute prêtes à escompter les traites et à donner du crédit. Une coopération étroite existait entre les banquiers et les industriels européens ; car les banquiers, en fournissant les fonds, stipulaient comme condition de leurs prêts, que les matériaux à acheter avec l'argent des emprunts ainsi que le personnel technique seraient fournis par le pays qui apportait le capital ; ainsi 90 pour 100 des chemins de fer argentins sont exploités par des ingénieurs européens ; le matériel provient de Grande-Bretagne, de Belgique, de France et d'Allemagne. En 1912, l'Argentine avait importé pour 10 millions de dollars de locomotives et de matériel de chemin de fer venant de Grande-Bretagne contre 1 seulement venant des États-Unis. L'Europe a d'autres avantages. Certains croient que l'Amérique du Sud est beaucoup plus rapprochée des États-Unis que de l'Europe ; en réalité, il faut distinguer parmi les régions de l'Amérique du Sud. Le Vénézuela et la Colombie, et, depuis l'ouverture du Canal de Panama, le Pérou, l'Équateur et le Chili septentrional sont beaucoup plus proches des États-Unis que de l'Europe ; or, ce ne sont là que des pays très faiblement peuplés ou fort peu avancés. Les pays riches et fertiles de l'Amérique du Sud, ceux dont l'avenir immédiat paraît immense, l'Argentine, l'Uruguay et le Brésil méridional, sont aussi faciles d'accès en venant d'Europe qu'en venant des Etats-Unis. En fait, l'organisation des lignes de navigation européennes d'avant-guerre donnait l'avantage aux relations avec l'Europe[1]. Dès la fin de la guerre, la Grande-Bretagne reprit avec décision ses services de steamers vers l'Amérique du Sud ; les armateurs américains constataient avec regret au début de 1919 que l'Angleterre transportait des marchandises de Liverpool à Rio de Janeiro pour 15 dollars la tonne tandis

1. *Scottish Geogr. Magazine*, 1917, p. 540-543.

qu'il en coûtait 35 pour les y transporter de New-York. La raison de cet avantage et qui explique aussi combien sont étroites encore les relations entre l'Amérique du Sud et l'Europe, c'est qu'il existe vraiment entre ces deux pays, à cause de la différence de leur structure économique, un courant d'échanges réguliers dans les deux sens. L'Europe reçoit les produits bruts et demi-ouvrés de l'Amérique du Sud, et elle expédie, en retour, des produits manufacturés ; le Royaume-Uni absorbe à lui seul le tiers du commerce extérieur de l'Argentine. Ce sont là des relations commerciales, solidement établies, issues de la nature des choses, et dont les États-Unis n'ont guère pu jusqu'ici ébranler les fondements. Dans l'Amérique du Sud, ils achètent surtout des produits tropicaux (café, caoutchouc, cacao) de grande valeur, mais de faible volume. Par contre, ils n'achètent guère, puisqu'ils en produisent eux-mêmes, les produits lourds et volumineux tels que les grains et la viande ; en 1913, tandis que le café exporté du Brésil ne représentait que 792000 tonnes, les grains et les farines expédiées par l'Argentine atteignaient 10 millions de tonnes. Grains et viande trouvent un marché en Europe ; ils forment la cargaison des grands steamers qui peuvent ainsi, pour le trajet inverse, accorder des prix assez faibles. « Quant aux États-Unis, ils achètent surtout les produits tropicaux de volume relativement faible. Aussi les steamers faisant ces transports sont plus petits, les frets de retour plus élevés, les relations commerciales moins développées. Conséquence : les frets de Hambourg, de Londres et de Liverpool pour la Plata sont moindres que ceux de New-York et de Philadelphie. quoique ces dernières villes soient un peu favorisées par la distance[1]. » Il faut ajouter que d'autres difficultés rendaient assez précaires les relations entre les États-Unis et l'Amérique du Sud ; elles procédaient de la grande inexpérience des Yankees en matière de commerce extérieur ; ils n'avaient ni tradition de négoce, ni méthodes d'éducation, ni relations personnelles, fruits d'une pratique séculaire sans laquelle l'homme d'affaires est incapable de s'adapter aux mœurs du pays qu'il veut desservir; c'était une œuvre difficile pour

1. *Scottish Geogr. Magazine*, 1917, p. 742.

les États-Unis que de conquérir le marché de l'Amérique latine ; avant la guerre, ils n'avaient pu que l'ébaucher ; grâce à la guerre, ils ont pu l'avancer.

L'afflux d'or qui se porta vers les États-Unis y détermina une véritable mobilisation de capitaux vers les affaires sud-américaines. De chaque côté, l'intérêt était patent. D'une part, sur les marchés de l'Amérique latine, la guerre avait paralysé l'action des bailleurs européens ; pour des pays où la circulation du capital étranger conditionnait le développement économique, ce grand cataclysme lointain pouvait devenir une catastrophe nationale ; au Brésil, au Chili et dans l'Argentine qui dépendaient du régime financier de l'Europe, on voulut se libérer d'une dangereuse tutelle et l'on se tourna vers les banques de l'Amérique du Nord. D'autre part, il s'agissait pour les États-Unis de trouver un emploi à ces capitaux que la guerre amenait d'Europe ; il s'agissait aussi de profiter des embarras de l'Europe pour s'établir sur ses domaines d'exploitation ; on savait bien que, la guerre terminée, elle ne retrouverait pas aussitôt ses moyens d'action et qu'elle devrait consacrer ses ressources d'abord à se refaire elle-même. Ce mouvement d'expansion que précipitaient les circonstances, les États-Unis le conçoivent presque comme une croisade nationale.

Les associations commerciales, par une intense propagande, enseignent à l'opinion publique la nécessité de cette expansion ; une brochure, tirée à 250 000 exemplaires, éditée à Chattanooga, décrit les belles espérances qui s'ouvrent dans l'Amérique du Sud. De tous côtés, les esprits se pénètrent de cette idée que l'intérêt du pays conseille de bien connaître l'Amérique du Sud ; on apprend son histoire et ses langues dans les Universités ; on attire les jeunes Sud-Américains dans les écoles techniques de l'Union. Ces tendances des particuliers trouvent l'appui de la force organisée de l'État; le département du Commerce de Washington fait distribuer à dizaines de milliers d'exemplaires une brochure qui encourage les banquiers à fournir tous les capitaux nécessaires au développement économique de l'Amérique du Sud ; on répète que le gouvernement protégera efficacement, partout où elle sera mise en œuvre, cette forme de la propriété américaine.

Les livres qui se publient sur l'Amérique du Sud se comptent par dizaines : récits de voyage, études d'histoire, descriptions géographiques, aperçus économiques, guides commerciaux. L'un des plus curieux, écrit par E. B. Filsinger et publié en 1917 à New-York, porte le titre de « Exporting to Latin America ; a Handbook for Merchants, Manufacturers and Exporters » ; il expose, pour les enseigner aux Américains, les méthodes européennes utilisées dans le commerce de l'Amérique latine ; il étudie les lois, les coutumes du pays, les moyens de voyager, les modes de paiement, les conditions de crédit, les douanes, les poids et mesures, les marques de fabrique, la manière de rédiger les catalogues et d'employer la publicité ; il note les habitudes de la vie, les principales fêtes nationales de l'Amérique latine ; il donne des détails sur l'organisation consulaire des États-Unis et des conseils aux jeunes gens qui voudraient commercer dans le continent ; il énumère les articles qu'on a chance de vendre en chaque pays. Un appendice contient, pour chaque pays de l'Amérique latine, un aperçu géographique et économique, une bibliographie des ouvrages intéressant le pays, la liste des publications du Department of Commerce de Washington relatives à l'Amérique latine ; il énumère les maisons de banque des principales villes, les lignes de navigation et les enseignements des Universités américaines qui intéressent l'Amérique latine[1] ; c'est presque un plan de conquête économique.

L'expansion nord-américaine en Amérique latine s'accomplit surtout par deux groupes d'opérations : d'abord des concours financiers, ensuite des entreprises économiques, les uns étant de plus en plus liés avec les autres.

Les énormes capitaux des États-Unis sont le premier des instruments de la conquête économique de l'Amérique latine. En accordant à ces pays jeunes à court d'argent des emprunts et des avantages financiers, ils permettent d'en faire des obligés et des clients. Une commission s'occupait en 1916 de transférer aux États-Unis les opérations financières concernant les réassurances contre l'incendie qui s'effectuaient auparavant en Allemagne pour le compte de

1. Filsinger (E. B.), *Exporting to Latin America. A Handbook for Merchants, Manufacturers and Exporters.* New-York and London, Appleton and C°, 1917, 8°, XIV + 565 pages.

l'Argentine. On ouvre volontiers les cotes de la Bourse de New-York aux titres sud-américains. Des banquiers nord-américains consentent des prêts aux gouvernements de l'Argentine, de la Bolivie, du Brésil et du Chili. A la suite de l'accumulation des stocks de café dont la guerre avait empêché la sortie, le gouvernement de Sao Paulo émit un emprunt pour acheter lui-même le café : des capitalistes de New-York y ont souscrit. Fidèle à sa politique d'expansion extérieure, le gouvernement de Washington a voulu mettre les banques américaines sur un pied d'égalité avec les banques européennes : par le nouvel « American Bank Act » voté au moment de la déclaration de guerre aux États-Unis, il les autorisa à créer des agences à l'étranger. De là, une véritable nuée d'agents financiers sur l'Amérique latine. La First National Bank, de Boston, fonde une succursale à Buenos-Aires ; elle y organise une exposition d'échantillons pour les maisons américaines d'exportation ; elle installe d'autres succursales à Rio de Janeiro, à Sao Paulo et à Bahia afin de soutenir des entreprises agricoles. La New-York Mercantile Bank of America crée des filiales à Rio de Janeiro, à Bahia. Un syndicat de banques des États-Unis prépare la formation de banques agricoles dans tous les États du Brésil. Des banquiers de Chicago se disposent à fournir du crédit au Mexique. C'est aux États-Unis que l'Amérique latine a trouvé le réservoir de capitaux dont l'Europe appauvrie a perdu le monopole.

Partout, sous l'impulsion des capitaux et des ingénieurs yankees, on voit s'organiser en grand la prospection et l'exploitation des richesses minières : or et pétrole de Costa-Rica ; pétrole du Mexique ; pétrole du Rio Magdalena en Colombie sous les auspices d'une société de Pittsburg ; au Chili, cuivre sous le contrôle d'une société californienne, nitrate de Toco, potasse et borax de Tocopilla ; en Bolivie, nickel près de La Paz ; au Pérou, pétrole avec les capitaux de la Standard Oil C° ; au Brésil, fer du Minas Geraes (trust Farquhar) et kaolin ; en Argentine, cuivre de Caldero et pétrole de Magallanes.

Sur ces immenses territoires à peine peuplés, il s'agit, surtout au Brésil, de propager les méthodes de culture intensive et d'encourager les productions tropicales, coton, riz, fruits, caoutchouc, canne à sucre. Des spécialistes nord-américains dirigent un enseignement d'arboriculture; un groupe financier, « The Fruit Company », se propose d'organiser l'exportation des fruits brésiliens, un autre d'acquérir près de Bélem des terrains propres à l'exploitation du caoutchouc. Dans l'État de Spirito-Santo, une société met en coupe réglée les forêts pour faire des traverses de chemin de fer. La Commission Rockefeller a institué au Brésil une étude scientifique des maladies des pays chauds ; sous la direction du docteur Lewis H. Hackett, la lutte contre le « hookworm » se poursuit avec succès; en une seule année, la Fondation a créé des postes de traitement sur plusieurs points du District Fédéral et des États de Rio de Janeiro et de Sao Paulo ; le plus important fonctionne à Campos, dans l'État de Rio de Janeiro, centre de culture du sucre ; au cours de tournées dans le pays, plusieurs milliers de personnes ont été examinées : la science des Américains apporte à ce pays tropical le même intérêt que leur commerce[1].

1. *The Americas*, juillet 1918, p. 30.

Toute entreprise industrielle trouve à son berceau l'appui des capitaux et de la technique des Yankees. La grande industrie de la viande s'est implantée dans le sud du Brésil avec les procédés industriels qui ont fait la fortune des grandes villes des Prairies. De puissants établissements frigorifiques, destinés à l'exportation de la viande congelée vers l'Europe, se sont fondés dans le Rio Grande do Sul avec des capitaux nord-américains (Cold Storage Swift C° et Armour C°). Les mêmes sociétés de Chicago se sont établies sur le Rio de la Plata où l'économie pastorale se développe de jour en jour. Cette exportation de capitaux industriels tient à ce que la consommation intérieure des États-Unis en viande frigorifiée absorbe presque toute leur production ; aussi leur importe-t-il de « trouver un nouveau centre d'approvisionnement qui leur permette, tout en continuant à fournir cette consommation intérieure, de conserver leur clientèle d'exportation. Par un procédé très américain, les États-Unis sont venus s'établir en Argentine avec leurs hommes et leurs capitaux en face de leurs concurrents et c'est ainsi que les frigorifiques nord-américains installés sur les rives du Rio de la Plata sont en mesure d'alimenter en Europe les dépôts des grandes marques de Chicago[1] ». Les mêmes ferments de vie économique animent les projets et les entreprises de moyens de transport : ce sont des Américains du Nord qui ont soutenu la construction du chemin de fer de Santiago à Valparaiso, qui pensent unir Buenos-Aires à Lima, qui veulent établir une voie ferrée entre le Brésil et le Pérou et qui vont équiper à la moderne le port amazonien de Manaos.

Toutes ces relations entre les États-Unis et l'Amérique latine se révèlent par un énorme accroissement des transactions commerciales[2]. Elles donnent l'impression qu'un vaste domaine d'exploitation économique s'ouvre devant les États-Unis et qu'ils y progressent à pas de géant ; leur commerce y dépasse maintenant de très loin le commerce britannique, ainsi que le montre une simple comparaison de chiffres.

1. Lewandowsky, La puissance financière des États-Unis et son expansion mondiale. *Revue des Deux-Mondes*, 1er février 1918, p. 681.

2. *The Americas*, avril 1918, p. 19-20, — mai 1918, p. 32 ; — J. R. Smith, *ouv. cité*, 1919, p. 114.

COMMERCE DES ÉTATS-UNIS ET DU ROYAUME-UNI AVEC L'AMÉRIQUE LATINE

(en millions de dollars.)

	Ventes aux États-Unis	Ventes au Royaume-Uni
	—	—
1913.	426	369
1917.	1 030	518
	Achats aux États-Unis	Achats au Royaume-Uni
	—	—
1913.	316	274
1917.	688	183

Farines, automobiles, ciment, teintures, charbon, cotonnades, verrerie, rails d'acier, poutres d'acier, fils de fer, viande, beurre, lait condensé et bien d'autres produits s'acheminent en quantités croissantes vers les différents pays de l'Amérique latine. Cette avance prend parfois les allures d'une conquête et c'est un monopole de fait qui s'établit en faveur des États-Unis. Il suffit de considérer en particulier quelques-uns de ces pays pour constater la force de cette poussée.

De 1914 à 1918, les exportations des États-Unis vers Cuba montent de 69 à 236 millions de dollars; les exportations de Cuba vers les

États-Unis, de 131 à 264. En 1913, au Nicaragua, 60 pour 100 des importations venaient d'Europe ; en 1917, 81 pour 100 des États-Unis. Au Mexique, la situation des États-Unis, déjà prépondérante en 1913, se renforce encore durant la guerre.

COMMERCE DES ÉTATS-UNIS
ET DU ROYAUME-UNI AVEC LE MEXIQUE
(en millions de dollars)

	Ventes aux États-Unis	Ventes au Royaume-Uni
	—	—
1913.	81	9
1917.	130	11

	Achats aux États-Unis	Achats au Royaume-Uni
	—	—
1913.	48	12
1917.	111	4,4

Mais les progrès décisifs s'accomplissent surtout en Amérique du Sud, le terrain le plus disputé de la lutte avec l'Europe. De 1912 à 1918, la valeur des exportations vers le Chili quadruple ; celle des importations de l'Union en provenance du Chili grandit sept fois ; avant la guerre, les nitrates chiliens se vendaient surtout en Europe; pendant la guerre, New-York en est devenu le principal débouché. Au cours de la même période de 1912 à 1918, l'Argentine a doublé ses achats et septuplé ses ventes aux États-Unis ; pour les laines, les États-Unis étaient en 1918 leur grand client; le commerce avec eux représente 25,7 pour 100 du commerce total de l'Argentine ; ils arrivent non loin du Royaume-Uni (33,1 pour 100) et bien avant la France (10,7 pour 100).

Au Brésil, c'est maintenant le commerce des États-Unis qui partout tient la tête.

COMMERCE DES ÉTATS-UNIS
ET DU ROYAUME-UNI AVEC LE BRÉSIL
(en millions de dollars.)

	Ventes aux États-Unis	Ventes au Royaume-Uni
	—	—
1913.	100	48
1917.	145	48
	Achats aux États-Unis	Achats au Royaume-Uni
	—	—
1913.	39	63
1917.	66	35

De 1913 à 1917, la part des États-Unis dans les importations brésiliennes s'est élevée de

15,7 à 47,3 pour 100; leur part dans les exportations brésiliennes de 32,4 à 46,1 pour 100. Pour le charbon, ils ont pris la place de la Grande-Bretagne comme fournisseur du Brésil : de 1914 à 1917, les envois de la Grande-Bretagne baissaient de 1 267 000 à 205 000 tonnes métriques ; les envois des États-Unis montaient de 261 000 à 654 000 tonnes.

Chaque jour accroît, au détriment de l'Europe, la force de pénétration et d'expansion des États-Unis. Il se noue entre les deux continents du Nouveau-Monde une solidarité d'intérêts qui se traduit, à la fois dans le domaine politique et dans le domaine économique, par les tendances auxquelles on applique le nom de panaméricanisme.

IV

LE PANAMÉRICANISME

Le panaméricanisme est une doctrine faite d'intérêts matériels et de tendances sentimentales. Selon lui, il existe une civilisation américaine désormais indépendante de la civilisation européenne ; une société américaine ignorante des préjugés, des castes et des haines de la société européenne ; une politique américaine qu'il est nécessaire de libérer des ambitions et des traditions de la politique européenne ; une économie américaine assez souple et assez riche pour n'être plus l'esclave de l'économie européenne. Cette idée, adoptée par les jeunes nations d'Amérique, les pousse à s'unir entre elles d'un bout à l'autre du continent afin de coordonner leurs intérêts et de rapprocher leurs sympathies ; elle tend à la fondation d'une fédération américaine qui réaliserait pratiquement l'unité de la politique et l'amalgame des intérêts de toute l'Amérique.

Le panaméricanisme n'est plus une simple doctrine, un pur symbole. On a déjà cherché pour lui une organisation systématique. Il a déjà revêtu une forme concrète, non seulement dans le bureau d'information qui fonctionnait à Washington avant la guerre, mais encore dans la Conférence financière panaméricaine qui se tint en 1915 à Washington, dans le Congrès panaméricain de Buenos-Aires en 1916, dans la Fédération panaméricaine du travail fondée en 1916 à Baltimore pour établir une action ouvrière commune et éviter les luttes internationales, dans le Congrès commercial panaméricain tenu en juin 1919 à Washington et dans le Congrès financier panaméricain convoqué pour 1920.

Les tendances panaméricaines s'affirment par certaines réalisations et par tout un programme d'union. Il s'agit d'abord de resserrer les liens financiers en préparant une unité monétaire, en facilitant le change et en organisant des banques. Il s'agit aussi de resserrer les liens commerciaux : pour cela on veut abolir les impôts qui pèsent en Amérique du Sud sur les voyageurs nord-américains, supprimer les droits que paient les bateaux des États-Unis dans les ports sud-américains ; on veut créer une flotte marchande américaine qui ferait les transports entre les deux Amériques et prendrait la place de la flotte européenne ; on tient en septembre 1917 à New-York une exposition commerciale latino-américaine, puis une autre en 1918 à San-Antonio (Texas) ; on signe des traités d'arbitrage commercial ; on cherche à établir un code commun de méthodes commerciales entre les républiques des deux Amériques, à préparer des accords internationaux pour la protection des brevets, des marques de fabrique et des droits d'auteurs, et à unifier entre les États-Unis et l'Amérique du Sud le service des colis postaux ; on veut établir un service de journaux bien documentés et des échanges de publicité et de nouvelles. Il s'agit enfin de rapprocher les distances en améliorant les moyens de communication ; on lance l'idée du grand chemin de fer panaméricain de New-York à Buenos-Aires ; on étudie le groupement des réseaux de télégraphie sans fil de toute l'Amérique ; on projette la création de nouvelles stations radiotélégraphiques et de nouveaux câbles sous-marins pour relier les deux Amériques.

Dans cette évolution vers une sorte d'unité économique et morale, se trouve impliquée, tout le démontre, la suprématie de la puissante république de l'Amérique du Nord. Et c'est cette perspective qui constitue le principal obstacle au panaméricanisme, parce qu'il apparaît à certaines nations comme une forme de l'impérialisme yankee. Il rencontre des défiances dans les pays qui croient avoir à redouter l'ingérence des États-Unis, et ces défiances s'expriment non seulement par des paroles, mais encore par des actes. On les observe d'abord chez les nations de l'Amérique Centrale, plus voisines des États-Unis, plus exposées et plus sensibles à des entreprises qu'elles craignent pour leur indépendance. Quand ils ont établi leur suprématie dans la mer des Antilles, quand ils ont recherché l'acquisition d'une base navale au Nicaragua, quand ils ont créé aux dépens de la Colombie la république de Panama afin d'être maîtres du grand canal, les États-Unis ont inquiété le Mexique, le Costa-Rica et la Colombie. La mainmise des financiers du Nord sur les mines du Mexique provoque en ce pays un mouvement de résistance nationale ; les Mexicains considèrent la doctrine de Monroe comme un camouflage de l'impérialisme yankee ; à leurs yeux, elle a certes endigué les velléités conquérantes de l'Europe, mais elle n'a fait que laisser le champ libre aux États-Unis.

De même, dans l'Amérique du Sud, le panaméricanisme trouve des adversaires qui redoutent l'hégémonie du Nord. Tandis que le Brésil l'accueille, l'Argentine se montre au contraire réservée et parfois hostile. Pour des raisons économiques, elle dépend moins des États-Unis que le Brésil; elle conserve des attaches étroites avec l'Europe; en face du Brésil si différent d'elle par l'immensité de ses territoires tropicaux et par ses origines portugaises, elle se dresse volontiers en représentante des nations espagnoles de l'Amérique du Sud; elle conçoit une grande nationalité latino-américaine unie par la race, la religion et la langue, et dont elle serait la tête. Elle n'est pas de ceux qui s'orientent vers les États-Unis comme l'aiguille aimantée vers le Nord magnétique; elle s'opposa à ce qu'un syndicat nord-américain fît l'acquisition de chemins de fer dans les territoires du Chacò et de Formosa; elle ne s'associa pas aux États-Unis pour déclarer la guerre à l'Allemagne; elle demeura neutre alors que son voisin le Brésil intervenait. Enfin dans presque tous les pays de l'Amérique du Sud, il persiste toujours des tendances particularistes, assez vivaces et chatouilleuses; il règne entre eux des souvenirs de guerre et de conquête, des revendications de territoires contestés, des oppositions d'intérêts. On n'accepte pas unanimement l'idée panaméricaine qui signifierait l'oubli du passé, l'union des forces et la cohésion des intérêts sous l'égide de la république du Nord.

Bien plus, avec la guerre qui raréfia le tonnage maritime et priva l'Amérique latine de relations régulières avec le monde extérieur, l'idée vint naturellement aux nations sud-américaines qu'elles pourraient se passer de l'étranger si elles s'efforçaient de produire elles-mêmes et si elles mettaient en commun leurs ressources. Les nécessités économiques conseillèrent le développement des particularismes nationaux, puis le rapprochement de ces particularismes en une solidarité sud-américaine. Chaque pays a tenté de devenir un foyer de production autonome ; et, en outre, dès qu'il s'est senti des ressources en excédent, il a voulu les exporter. On voit ainsi l'Argentine accroître dans ses provinces tropicales la culture des plantes oléagineuses et du coton en vue de sa propre consommation, puis rechercher pour ses produits de grande culture des débouchés vers l'Afrique du Sud ; un courant d'échanges entre les deux pays se dessine, comportant dans un sens des céréales et des viandes argentines, dans l'autre sens du charbon ; on pense même que les vins du Cap pourront remplacer sur le marché argentin les crûs français. Une certaine fierté nationale accompagne cet accroissement de relations ; on remarque avec amertume que les îles Falkland n'appartiennent pas à l'Argentine. Au Chili, l'attention se porte vers les grands territoires du Sud et particulièrement sur la province de Llanquihué où l'irrigation pourrait multiplier la production agricole et créer des richesses à exporter ; on s'organise pour centraliser la vente des nitrates extraits par des compagnies chiliennes afin de lutter à armes égales contre les compagnies européennes. Au Pérou, les plantations de canne à sucre et de coton possèdent déjà un marché extérieur. Au Brésil, le riz et le coton, le tabac et le maïs gagnent du terrain ; les usines de cotonnades prospèrent. Partout la guerre a surexcité la production sud-américaine. La paix sera une crise pour certains ; tout ce qui a germé en un moment d'éveil ne mûrira pas ; mais il y aura des survivants.

Obligés de se procurer des objets de première nécessité, les mêmes pays ont cherché à se compléter mutuellement. A l'intérieur de l'Amérique du Sud, des courants commerciaux sont nés de cette tendance. Entre l'Argentine et le Brésil, les relations se resserrent sur la base des échanges que comporte leur différence de structure économique ; l'Argentine vend au Brésil ses farines, ses lins, ses bestiaux de bonne race pour l'élevage et l'engraissement ; elle lui expédie en quantités croissantes les vins et les fruits dès provinces de Mendoza et de San Juan. Le Brésil vend à l'Argentine son café, son sucre, son riz, son tabac, son caoutchouc ; les tissus brésiliens ont commencé la conquête du marché argentin ; en 1918 s'est tenue à Buenos-Aires une exposition de ces tissus ; des accords commerciaux avec tarifs préférentiels et abaissements de droits de douane préparent l'heureuse évolution de ce rapprochement commercial. Entre l'Argentine et le Chili, le trafic grandit de même. L'Argentine a besoin des ports du Chili pour atteindre le Pacifique ; on travaille à améliorer les relations par rail entre les deux versants des Andes ; on projette une voie ferrée passant par Looquimai qui doublerait le Transandin actuel ; une nouvelle ligne télégraphique venant d'Argentine aboutit à Valdivia. Du bétail argentin s'exporte au Chili et les fruits du Chili arrivent sur les marchés argentins. Entre le Chili et le Pérou, on constate les mêmes efforts pour affranchir les deux pays du tribut qu'ils paient à d'autres continents et particulièrement à l'Europe ; du Chili au Pérou ce sont des vins, des blés, des fromages, du Pérou au Chili ce sont des sucres, des cafés, des tissus de laine qui s'échangent. Ailleurs encore on voit s'ébaucher des mouvements de marchandises qui annoncent ou qui consacrent une solidarité économique : de l'Équateur vers le Pérou, des fruits, du cacao, des bois de construction ; du Pérou vers l'Équateur, du riz, des tissus, des chaussures ; du Chili au Mexique, des nitrates et du blé. L'Amérique latine voudrait s'affranchir autant que possible de la tutelle étrangère et l'on peut parler d'un particularisme, d'un nationalisme sud-américain.

Cette émancipation apparaît bien plus dangereuse pour l'Europe que pour les États-Unis

Malgré tout, ces pays ne sont pas encore outillés pour l'indépendance économique, et longtemps encore ils feront appel à l'étranger. Ces relations extérieures se tourneront de plus en plus vers les États-Unis ; la force des choses l'emportera. Le centre de gravité économique fait pencher l'Amérique latine vers l'Amérique du Nord ; du fait de la guerre, cette tendance devient toujours plus forte. En intervenant dans le conflit européen, les États-Unis ont accru leur prestige dans l'Amérique du Sud ; ils ont démontré que leur politique, inspirée non par le sentiment de leur force, mais par le droit des nationalités, ne menaçait pas l'indépendance politique d'autres peuples. Aussi la guerre a profité au sentiment panaméricain ; en Argentine comme au Brésil, au Chili comme au Pérou, beaucoup d'esprits se rallient à l'idée de la solidarité continentale et d'une ligue des nations américaines. Cette nouvelle unité mondiale, cette union panaméricaine, on l'a vue se renforcer durant la guerre ; on peut la définir comme le libre développement de toute l'Amérique sous le contrôle économique des Etats-Unis, et sur un pied d'égalité vis-à-vis de l'Europe. La pensée qui s'ébauche et tend à entrer dans les faits, c'est qu'on doit se passer de l'Europe. Matériellement, du fait de la coopération des deux Amériques, la position de l'Europe décline; on se protège contre sa concurrence; en Argentine même, on impose déjà aux agents commerciaux de l'étranger de fortes redevances et, dans la plupart des grandes villes, des taxes sur les échantillons et les catalogues; mais on excepte de ces mesures les agents des États-Unis. Les mêmes dispositions s'appliquent dans l'Uruguay et le Panama; d'autres États les préparent; c'est le commencement d'un protectionnisme panaméricain. Moralement, la position de l'Europe faiblit aussi; elle a reconnu au Congrès de Versailles la doctrine de Monroe. Déjà cette doctrine avait mis un terme à l'expansion européenne en Amérique; elle avait protégé le Nouveau Monde contre des souverainetés étrangères. La reconnaître aujourd'hui, c'est reconnaître à l'Amérique le droit de résoudre dans son propre esprit et selon ses propres lois les problèmes de son existence; c'est dire que, dans toutes les questions américaines, l'Amérique entière constitue une personnalité souveraine.

Jamais l'Europe n'avait encore explicitement reconnu ces principes ; pour la première fois, ils entrent dans le droit universel après une guerre terrible qui a porté des coups décisifs à la suprématie de l'Europe et qui a consacré les progrès des États-Unis dans l'hégémonie économique et morale de l'Amérique latine.

CHAPITRE VII

L'EUROPE ET L'ÉVEIL DES PEUPLES INDIGÈNES

Au cours de son expansion universelle, l'Europe trouva l'un de ses moyens d'action les plus énergiques et les plus fructueux dans l'exploitation des peuples dits inférieurs : sur leur propre terre elle appliqua leur force à travailler et à produire pour elle. Asservis et passifs, ces peuples furent les artisans de sa colossale fortune ; ils peinaient pour le Blanc ; le Blanc les commandait, les dirigeait ; il s'enrichissait par eux. Cette suprématie n'est plus incontestée ; en certains points du monde, les races indigènes que le contact de leurs maîtres instruit et éveille, croient qu'il est temps de secouer cette tyrannie afin de vivre pour elles-mêmes et, sinon selon leurs propres lois, du moins selon un régime plus juste et plus égal. Nous assistons aux débuts d'une révolution dans les rapports entre les Européens et les autres hommes ; cette révolution marque pour l'Europe un nouveau déclin. Pendant la guerre, au spectacle de cette race blanche décimée et ruinée par une bataille fratricide, des races soumises, des races de couleur ont pris une conscience plus claire de leurs droits. L'Europe voit surgir inéluctable un problème qu'elle n'avait guère que pressenti et qui dépasse en étendue le problème des nationalités qui fut l'une des causes de la guerre : c'est le problème des races ; il met en cause directement la domination européenne dans les pays de colonie et de protectorat. Le mot race, fort obscur en lui-même, ne suffit pas à définir l'ampleur du conflit ; car, à le considérer dans son acception la plus simple, il n'impliquerait strictement qu'une question de couleur ; il ne supposerait de différend à régler qu'entre les Blancs d'une part, les Jaunes, les Noirs et les Rouges d'autre part. Mais il existe des hommes de même souche primitive, de même couleur que les Européens, tels que les Berbères et les Arabes, les Sartes et les Hindous, qui se sentent très profondément différents de nous parce que leur civilisation diffère profondément de la nôtre. Il s'agit donc vraiment d'un procès entre la civilisation européenne et les civilisations indigènes que l'Europe tient asservies.

I

L'EUROPÉEN DEVANT LES AUTRES PEUPLES

Comment l'Européen s'est-il présenté devant les autres peuples de la terre? Il est arrivé chez eux avec l'ambition d'y trouver des champs à exploiter, des concessions à découper, des ouvriers à recruter. Il a cherché souvent à détacher les indigènes de leur économie traditionnelle pour les annexer à la sienne. Il ne visait pas à développer leur bien-être, ni à élever leur niveau de vie ; il voulait les transformer en consommateurs pour les articles qu'il leur vendrait et en producteurs pour les denrées qu'il leur achèterait. Il leur apporta parfois la paix, l'ordre ; il leur enseigna le souci de la dignité humaine. Mais il était, avant tout, marchand; il s'agissait pour lui d'acquérir des biens et d'accroître ses richesses.

Dans certains pays où l'Européen s'est établi, il n'y a plus d'indigènes parce qu'il les a exterminés; dans l'Australasie et dans l'Amérique du Nord, régions de climat tempéré où il pût vivre et faire souche, il a fait place nette; il est le seul habitant; les races indigènes n'existent plus. Par contre, dans les pays chauds, il n'a pu trafiquer qu'avec leur collaboration, parce qu'elles sont adaptées au climat et seules capables de travail corporel : il s'est implanté là comme directeur de la production et guide de l'exploitation; c'est dans ce rôle qu'on le rencontre encore partout dans le monde auprès des indigènes.

En Amérique, pour cultiver ses plantations de canne à sucre, de tabac et de coton, il imposa aux indigènes des Antilles un labeur forcé qui les anéantit. Les Indiens ayant disparu, il fit venir comme esclaves ces nègres africains qui maintenant pullulent sur leur terre adoptive; sans eux, ces îles seraient incultes; sans eux, le coton n'enrichirait pas les États-Unis et le Lancashire n'aurait pas fait fortune. En Asie, depuis des siècles, les Javanais travaillent pour les Hollandais. Dans l'Inde qui fournit au commerce britannique tant de cargaisons de coton, de blé, de jute, de graines oléagineuses, de thé, d'opium, l'Anglais semble ignorer l'indigène ; il s'abouche avec les commerçants de village, les Banya ; par eux il oriente la production du paysan selon les besoins du marché ; quant à lui, il achète, exporte et revend. Sur les plantations des îles Hawaï, ce sont des coolies chinois et japonais qui travaillent pour le compte des Américains. En Afrique, l'exploitation européenne, plus récente, pénètre moins loin dans l'économie indigène ; mais déjà sous notre contrôle, le paysan nègre cultive les arachides au Sénégal, le cacao sur la Côte de l'Or, le coton dans le Soudan. Au Transvaal, les Cafres fournissent la main-d'œuvre des mines ; quand les nègres se dérobent, on fait appel aux coolies de l'Inde. En Egypte comme au Turkestan c'est vers le coton, produit de grand commerce, qu'on oriente la culture indigène. Ainsi, l'Européen tient entre ses mains la vie économique de beaucoup de peuples. Tutelle parfois fatale ; car, en développant la culture des produits commerciaux, on sacrifie les cultures alimentaires et l'on provoque des famines. Tutelle néfaste encore à d'autres égards ; car l'Européen manufacturier considère les sociétés indigènes comme les débouchés naturels de ses objets fabriqués ; il cherche à tuer toute initiative industrielle afin de ne pas se créer à lui-même des rivaux et il maintient, tant qu'il peut et tant qu'il y trouve intérêt, le pays hors de l'évolution moderne.

Ces Européens qui dominent la vie matérielle des peuples qu'ils protègent, qu'ils colonisent ou qu'ils civilisent, comptent à peine numériquement. Ils sont 90000 dans l'Afrique tropicale, 80000 dans les Iles de la Sonde, 100000 dans l'Inde : une poignée auprès des multitudes indigènes. Quelles pensées doit suggérer à l'esprit des indigènes réfléchis le spectacle de ce frêle essaim d'étrangers qui butine dans leur ruche? Ces pensées, nous les connaissons déjà, parce qu'elles ont surgi avec force, parfois avec violence, en différents points du globe.

Il existe plusieurs zones de friction vive entre Européens et non-Européens ; elles se trouvent dans les pays les plus avancés, soit qu'ils tiennent leur civilisation de l'influence même des Européens, soit qu'ils en possèdent une, ancienne, originale, susceptible de réflexes défensifs. On observe une de ces zones agitées en Amérique, au contact des Nègres et des Blancs ; les premières révoltes datent de plus d'un siècle ; les Nègres sont devenus les maîtres de Haïti d'où ils ont éliminé toute suprématie blanche ; les Antilles françaises sont peuplées de Nègres et de gens de couleur dont les Français ont fait des citoyens. Aux États-Unis, une guerre civile naquit de la question nègre ; mais le problème subsiste encore ; car, en fait, les Nègres ne jouissent pas de tous les droits qu'ils possèdent en principe ; les haines de couleur règnent et éclatent parfois ; comme il existe une élite nègre de même formation que l'élite blanche, elle réclame pour toute la race droit de cité ; ces revendications prennent plus de force depuis la guerre. Dans l'Inde britannique, nous trouvons devant nous une civilisation originale avec ses croyances, sa morale, ses principes sociaux, ses modes de vie qui s'oppose de toute sa masse et de toute son intégrité à la civilisation britannique ; c'est un groupe d'humanité qui marche dans sa voie propre et auquel son élite veut donner l'indépendance. En Asie et en Afrique, toute une civilisation modelée par une religion se heurte à la civilisation européenne: c'est la communauté des pays musulmans que leurs croyances rapprochent et dont ces croyances pénètrent profondément la mentalité et l'économie matérielle; au sein de l'Islam, dans l'Afrique du Nord comme dans l'Asie occidentale et dans l'Inde, l'espoir de la liberté et l'impatience du joug européen soulèvent périodiquement les fidèles. De tous ces foyers de résistance, le dernier venu dans l'action, mais le plus conscient et le plus puissant réside en Extrême-Orient: c'est le Japon. Par sa force matérielle qui repose sur l'adoption des armes économiques de l'Europe elle-même, il s'érige en champion de l'égalité des races; il se dresse comme le porte-parole des opprimés contre la race dominatrice. Sa pensée n'est pas exempte d'intérêt personnel; elle rêve pour le monde jaune l'hégémonie japonaise; mais elle fait vibrer l'Extrême-Orient en proclamant des formules simples qui éclatent comme des actes de foi. « L'Asie aux Asiatiques ». « Le bonheur que l'on tient de Dieu ne doit pas être différencié par la couleur de la peau ». On transpose en faveur des races les principes européens et américains, les principes du droit des nationalités : droit pour les peuples de disposer d'eux-mêmes ; plus de nations soumises, plus de races opprimées ; toutes les nations, toutes les races traitées sur un pied d'égalité. C'est ce droit nouveau que le Japon voulut faire reconnaître à la Conférence de la Paix à propos de la Société des Nations.

Il semble que ce droit ne soit pas prêt encore à entrer dans les faits et qu'il y faudra préparer ceux-là mêmes auxquels il est destiné. Aux États-Unis, par exemple, beaucoup de gens n'imaginent pas sans indignation qu'il puisse se réaliser ; car, selon eux, la majorité des nations qui composeraient la Ligue n'appartenant pas à la race blanche, cette Ligue serait une ligue de gens de couleur où le bloc noir, jaune et rouge dominerait le bloc blanc ; on verrait alors les gens de Libéria et de Haïti appelés à siéger au conseil mondial et des demi-barbares illettrés et ignorants décider du sort de la civilisation. Quoi qu'il en soit, les idées d'émancipation font du chemin parmi les races assujetties à l'Europe ; elles font bouillonner les têtes au Caire comme à Delhi, à Chicago comme à Batavia ; elles appartiennent à un mouvement universel qui ébranle la fortune de l'Europe et la suprématie de la race blanche.

Aucune colonie européenne n'est à l'abri de cette effervescence. Toutes les puissances blanches ont chez elles un foyer de fermentation indigène. Dans l'Afrique du Nord où la France a trouvé pendant la guerre un réservoir de soldats et de travailleurs, la collaboration des indigènes à la défense de la métropole éveille en eux le sentiment de leur dignité et de leur valeur ; ils n'entendent plus être traités en sujets ; on leur donne un statut plus égal et plus libre. A Java, les milieux indigènes accueillent avec ardeur l'idée d'un rapprochement entre les membres de la race jaune ; les Chinois de l'île veulent nouer d'étroites relations avec leurs frères de Chine, tendance combattue par le gouvernement néerlandais. En 1916, le Sarikat-Islam, à Batavia, refusa de prendre part au meeting réuni à l'occasion de l'anniversaire de la reine de Hollande si l'on n'y préconisait pas la création d'un Parlement des Indes néerlandaises ; les associations indigènes, guidées par des intellectuels, cherchent à se fédérer de manière à faire du « Peuple des Indes » une unité cohérente. Mais le vent de la révolte souffle sur d'autres peuples encore ; indifférence et passivité font place à l'action ; l'heure des revendications, peut-être des réparations, sonne pour les Nègres des États-Unis, pour les Egyptiens et pour les Hindous.

II

LES FOYERS DE RÉVOLTE
ÉTATS-UNIS, ÉGYPTE, INDE

De violentes bagarres entre Blancs et Noirs qui ensanglantèrent au mois de juillet 1919 les rues de Washington et de Chicago ont ramené en pleine lumière le conflit des races, toujours latent aux États-Unis. Il y a dans la situation des Noirs aux États-Unis une curieuse opposition entre le droit et la réalité. En droit, le Nègre est libre ; la loi lui garantit l'égalité ; il reçoit l'instruction ; il peut acquérir des biens ; il joue, partout et surtout dans le Sud, un rôle capital dans le recrutement de la main-d'œuvre industrielle et agricole ; il paraît à son honneur dans les professions libérales, pasteur, instituteur, médecin, avocat. En fait, les mœurs lui demeurent hostiles et, sur de grandes étendues de l'Union, on le méprise et même on le maltraite ; en période troublée, on le lynche ; en temps normal, on le tient à l'écart ; tous ceux qui voyagent aux États-Unis remarquent que les gens de couleur ont leurs hôtels, leurs restaurants ; qu'on leur affecte des compartiments spéciaux dans les salles d'attente, dans les gares, dans les tramways et qu'on leur interdit, si ce n'est comme serviteurs, l'entrée des établissements où fréquentent les Blancs.

Longtemps les Nègres ont accepté cette situation avec résignation. Depuis la guerre, leur attitude change. De l'indifférence et de la lassitude, ils passent au mécontentement et à l'irritation. On les a recrutés pour la guerre ; à l'armée américaine, ils ont donné plus de 300000 soldats ; sous l'uniforme ils ont fait, en face de l'ennemi, honneur au pavillon étoilé ; ils ont combattu en Europe pour la démocratie ; ils espéraient qu'à leur retour cette démocratie s'ouvrirait à eux ; mais on leur reconnaît à peine la qualité de citoyens ; quand ils sont revenus d'Europe dans les villes du Sud, on ne daigna pas les regarder alors que les rues se pavoisaient pour célébrer leurs camarades blancs. Ils ont vu en France comment les Français traitent leurs soldats de couleur ; ils ont vu qu'on les laisse s'y mêler à la vie nationale, qu'on les reçoit sans la moindre hostilité dans les cafés et les restaurants et que la règle des rapports communs est cette égalité familière qui fait oublier les différences et les préjugés. Les Nègres américains cessent d'être passifs ; ils veulent voir cesser l'injustice.

A ces raisons de sentiment et de dignité s'ajoute une raison économique qui a une grande force. Les Nègres comptent maintenant comme un élément essentiel dans la vie matérielle de l'Union. Du fait de la guerre, beaucoup d'émigrants européens qui fournissaient la grosse main-d'œuvre furent rappelés dans leur patrie. Pour les remplacer dans les mines et les manufactures, un fort mouvement de migration noire s'établit du Sud vers le Nord, migration spontanée sans chef, ni propagande, sollicitée par le manque d'ouvriers; elle marque une étape décisive dans l'évolution du problème noir. Dans le Sud, les patrons blancs qui voyaient s'éloigner leurs ouvriers noirs comprirent que, s'ils voulaient les garder, il faudrait les payer et les traiter à l'instar des Blancs; on vit, à Memphis et ailleurs, des réunions de Blancs et de Noirs où ceux-ci apportaient leurs revendications, demandant à être jugés par des hommes de leur race et exigeant le droit d'entrer dans les syndicats. D'autre part, dans les grandes villes du Nord, à New-York, à Baltimore, à Philadelphie, à Washington, à Chicago, la population noire s'accroissait dans des proportions inattendues. A Chicago affluaient des dizaines de milliers de Nègres portant à plus de 125000 personnes en 1919 l'effectif de la population noire de la ville. Pour cet important groupe d'habitants se fondaient cinq banques, trois coopératives, cinq journaux, sept pharmacies, un hôpital, une compagnie d'assurances sur la vie, une société de construction, des églises, des clubs, des syndicats. Les abattoirs de Chicago, qui employaient avant la guerre de la main-d'œuvre étrangère, sont maintenant peuplés de travailleurs noirs. Cette multitude de nouveaux habitants raréfia les logements au point que les Blancs se plaignirent d'être littéralement expulsés de leurs quartiers habituels. De cette concurrence naquit une vive opposition contre les Noirs qui aboutit à des troubles et à des batailles de rues. Les Nègres, fort maltraités, demandent la protection de la loi ; ils réclament la justice et l'égalité. Bien plus, qu'ils soient ouvriers d'usines ou fermiers des champs de coton, ils sentent tout ce que vaut pour la communauté américaine leur collaboration économique ; ils demandent une situation matérielle et morale digne de leur fonction dans la cité, de meilleurs logements, de meilleurs salaires, de meilleures écoles ; ils prétendent que par leur travail ils ont droit au même niveau de vie que les Blancs. C'est aux États-Unis que se trouve donc la zone de contact brûlant entre les Blancs et les Noirs. Mais elle ne représente pas tout le domaine contesté ; il s'étend encore, aux portes des États-Unis, dans les Indes Occidentales ; les seules Antilles britanniques renferment plus d'un million et demi de Nègres contre cent mille Blancs à peine ; ce sont enfin les Nègres qui forment la majorité de la population dans les autres Antilles. Tous ces groupes noirs ne constituent pas encore une masse très cohérente, ni très consciente ; mais tout démontre qu'ils sont solidaires les uns des autres et que c'est pour tous à la fois qu'un jour se réglera le problème de la suprématie des Blancs.

Sur le continent Africain, c'est en Egypte que brûle le plus ardent foyer de nationalisme et d'émancipation indigène. Le peuple égyptien forme un bloc de treize millions d'habitants, parlant la même langue, assez homogènes pour qu'on n'y puisse plus distinguer les apports de longs siècles d'histoire. Province ou vassale de l'Empire Ottoman, l'Egypte a conquis durant le XIXe siècle la conscience de sa personnalité nationale ; avec son prince indigène, Méhémet Ali, elle était devenue un pays de civilisation avancée, bien avant que l'Angleterre ne s'y établît en 1882 ; sous ce règne, la population avait doublé, le commerce sextuplé ; on avait organisé l'instruction publique, préparé des plans d'irrigation, construit le Canal Mahmoudieh, aménagé en partie le port d'Alexandrie, donné l'essor aux cultures riches du coton et de la canne à sucre. Plus tard, mais toujours avant 1882, Le Caire, Alexandrie et Port Saïd étaient devenues des villes modernes; on avait construit le Canal Ibrahimieh pour l'irrigation de la Haute Egypte et le Canal Ismaïlieh entre le Nil et Suez. Ces œuvres et ces progrès ne permettaient guère qu'on pût considérer l'Egypte comme un pays mineur, aussi incapable de se conduire et de produire par lui-même que certains pays de l'Afrique Centrale.

Quand elle occupa l'Egypte en 1882, la Grande-Bretagne voulut surtout s'assurer le contrôle du Canal de Suez qui est la route de l'Inde. Mais, dès le début, elle proclama le caractére provisoire de cette occupation. Cependant, chaque fois qu'il fut question de l'échéance de son mandat, elle trouva une raison pour en justifier la prolongation. Les Egyptiens n'avaient aucun moyen de contrôle sur sa gestion; mais les patriotes espéraient un jour l'obtenir. Ils crurent ce moment venu quand la Turquie déclara la guerre à l'Entente; c'était le moment pour l'Egypte de briser les derniers liens qui l'unissaient à l'Empire Ottoman, puis, s'étant rangée dans la guerre aux côtés de l'Angleterre, d'obtenir d'elle la reconnaissance de son indépendance. Au lieu de mettre fin au régime de l'occupation, l'Angleterre l'érigea en un protectorat, rendant ainsi plus directe son autorité sur l'Egypte ; les Alliés ont officiellement reconnu ce protectorat ; mais les Egyptiens le repoussent.

Occupation ou protectorat, le régime britannique en Égypte mécontente les indigènes non seulement parce qu'il ne leur laisse aucun droit politique, mais encore parce qu'il oriente la vie économique du pays selon les intérêts britanniques. Deux questions tiennent au cœur des Égyptiens : la question du Soudan et la question du coton ; or, ils croient les voir résoudre contrairement aux intérêts de leur pays, de leur nation, car ils estiment que ce pays est mûr pour une vie nationale. Aux yeux des Égyptiens, le Soudan forme une dépendance naturelle de l'Égypte ; leurs intérêts sont liés; les deux pays se complètent ; la puissance qui domine le Haut-Nil contrôle le régime des eaux du grand fleuve ; pour la vie de l'Égypte, il importe que cette puissance soit l'Égypte. A cette solidarité matérielle se joint la communauté de civilisation ; les Arabes qui composent la haute classe de la société soudanaise sont de la même souche que ceux qui se sont établis en Égypte. Or, c'est l'Angleterre qui détient le Soudan ; de ce territoire qui était propriété égyptienne, elle fit en 1899 un condominium anglo-égyptien où elle agit en souveraine. Afin d'assurer l'approvisionnement en coton du Lancashire qui dépend trop étroitement des planteurs américains, elle accroît l'étendue des terres soudanaises susceptibles de porter du coton ; cette extension des sols irrigués peut mettre en péril l'irrigation de l'Égypte ; il importe qu'au moins ce péril soit surveillé ; seule l'union du Soudan à l'Égypte indépendante peut donner cette garantie. Au reste cette union se justifie par les liens mêmes que les Anglais ont créés entre les deux pays : car c'est avec l'argent du budget égyptien que les Anglais ont payé les opérations militaires, les chemins de fer et les grands travaux qu'ils ont entrepris dans le Soudan.

Pendant la guerre, la culture du coton a connu de mauvais jours ; elle les doit plutôt à la politique britannique qu'à la force des choses. Pour augmenter les champs de céréales et parer au ravitaillement de l'armée, il fallut réduire les étendues de coton. En outre, le prix du coton fut fixé de telle manière que le pays en souffrit gravement. Au commencement de la guerre, alors que les cours du coton s'effondraient jusqu'à des prix désastreux pour le fellah, l'autorité britannique repoussa des mesures qui auraient pu enrayer la baisse : les filateurs du Lancashire purent alors acheter le coton égyptien à très bas prix. Plus tard, en 1917, alors que la demande mondiale avait rehaussé les cours, le gouvernement britannique acheta lui-même toute la récolte de coton égyptien à des prix bien inférieurs aux prix cotés en Angleterre : c'était encore un avantage pour le Lancashire. Les cotonniers britanniques avaient déjà, quelques années auparavant, remporté un succès sur l'industrie naissante de l'Égypte : comme une société de filature s'était fondée en Égypte, ses produits furent frappés d'un droit d'accise égal au tarif douanier appliqué aux articles venant d'Angleterre ; l'entreprise échoua, comme devaient échouer ailleurs en d'autres pays de suzeraineté britannique les entreprises qui menaçaient les débouchés des manufacturiers de la métropole. Comme on critiquait cette politique, le « Times » répondait : « On ne peut attendre d'un représentant de la reine qu'il soutienne un projet dont le succès profiterait aux consommateurs égyptiens, mais nuirait aux manufacturiers anglais. »

Tant qu'elles demeurèrent sur le terrain politique, les revendications nationales de l'Égypte n'avaient guère ému que la classe cultivée ; peu importait au fellah que les hautes fonctions auxquelles il n'était pas destiné fussent presque toutes occupées par des Anglais. Mais dans un pays agricole comme l'Égypte qui vit de la terre et dont la terre est presque tout entière exploitée par les indigènes, il est dangereux d'inquiéter les intérêts des paysans. La classe terrienne commence à soupçonner les liens qui rattachent la vie quotidienne au régime politique. Pour la première fois depuis longtemps, on voit les deux classes s'unir dans les mêmes aspirations. Un groupe de notables ayant demandé l'autorisation de quitter l'Égypte pour présenter les revendications nationales à la Conférence de la Paix à Paris, l'autorité britannique la lui refusa ; plusieurs membres de la délégation ayant été arrêtés et exilés à Malte en mars 1919, il y eut des démonstrations qui dégénérèrent en bagarres et en révoltes; la répression fut dure ; elle n'a pas supprimé la question d'Égypte. D'autres troubles sanglants eurent lieu à Alexandrie en octobre 1919, à l'occasion d'une manifestation contre la mission Milner que le gouvernement britannique envoyait pour enquêter sur les causes des troubles et sur les vœux des Égyptiens. Personne ne peut douter que la question nationale se pose d'une manière aiguë en Égypte ; il ne semble pas qu'on puisse maintenant négliger un mouvement d'opinion qui prend racine dans l'âme d'un peuple.

L'Égypte, qui vit du Nil, n'est qu'un mince sillon d'humanité au milieu des déserts d'Afrique ; par contre, l'Inde est tout un monde. Une révolte de l'Inde qui chasserait les Anglais ébranlerait les fondements de l'Empire britannique ; elle changerait la carte du monde. L'Inde offre le type de la colonie d'exploitation ; terre immense, riche et peuplée, elle représente pour ses maîtres à la fois une fortune et une défense; c'est par elle vraiment que l'Empire britannique assure ses destinées; elle possède les étapes du commerce britannique vers l'Extrême-Orient; elle donne à la flotte des points d'appui sur les routes maritimes ; elle recrute pour l'armée des légions de fiers soldats; on a vu des contingents hindous combattre pour la Grande-Bretagne en Chine et en Afrique australe. Durant la grande guerre, l'Inde fournit plus d'un million d'hommes dont plus de 100000 succombèrent; on peut dire que c'est elle qui a conquis la Mésopotamie et vaincu la Turquie. L'Inde est pour la Grande-Bretagne un énorme marché ; les deux tiers de ses importations viennent d'une origine britannique; elle fournit seule 51 pour 100 de la production du blé de l'Empire, 58 pour 100 du thé, 73 pour 100 du café, la presque totalité du coton. D'immenses capitaux britanniques sont engagés dans les mines, les usines, les plantations, les travaux d'irrigation, les chemins de fer de l'Inde; ils dépassent probablement 350 millions de livres sterling pour lesquels l'Inde paie des intérêts. L'Inde occupe une armée de fonctionnaires britanniques dont elle assure les traitements et dont les économies s'en vont chaque année en Grande-Bretagne ; de même elle verse dans les caisses britanniques les intérêts de sa dette publique, les pensions des anciens fonctionnaires, les dépenses métropolitaines de son administration. On évalue à plus de 30 millions de livres sterling par an les sommes que l'Inde paie dans le Royaume-Uni à ses créanciers, à ses actionnaires et à ses fonctionnaires. Encore ignorons-nous ce qu'elle rapporte aux commerçants qui trafiquent avec elle et aux armateurs qui font ses transports. Jamais le terme d'exploitation ne fut mieux appliqué.

Voilà ce que l'Inde représente pour le Royaume-Uni. Que représente le Royaume-Uni pour l'Inde ? Il n'est pas douteux que la domination britannique n'ait apporté des bienfaits à l'Inde. Ce qui vaut mieux encore, elle a eu l'intention d'être bienfaisante ; elle lutte contre la sécheresse, contre les maladies, contre l'ignorance, contre la pauvreté. Mais cette œuvre de la civilisation européenne laisse intacte l'essence même de la civilisation indigène « Nous sommes portés à croire, dit Vidal de la Blache, que nos chemins de fer, nos industries sont des panacées pour transformer les sociétés à notre image. L'expérience indienne prouve le contraire. En réalité, les chemins de fer ont propagé indirectement l'influence brahmanique en rendant les pèlerinages aisés ; en réalité, la presse a aidé à développer l'idée nationale qui prend ses racines dans les traditions religieuses ; en réalité, l'éducation indigène a porté l'attention sur les vieux monuments de la sagesse hindoue auxquels on demande la solution des problèmes présents. Aussi ce que le peuple de l'Inde doit à ses gouvernants, c'est une conscience plus nette de ses droits[1]. » Dans le même esprit, sir Charles Dilke écrivait avec clairvoyance : « Ce n'est pas la Russie que nous avons à craindre pour l'Inde. Mais, par la destruction des diverses nationalités de l'Hindoustan au moyen de la centralisation et des chemins de fer, nous avons créé une Inde que nous ne pouvons pas combattre. C'est l'Inde elle-même et non la Russie qui est le danger, et notre tâche est de la concilier plutôt que de la conquérir[2]. »

1. Vidal de la Blache. Le peuple de l'Inde. *Annales de Géographie*, 1906, p. 442.
2. Sir Ch. Dilke, *Greater Britain*, p. 497.

Malgré un contact déjà séculaire, l'Anglais n'est pour l'Hindou qu'un étranger. Leur vie et leur esprit diffèrent trop pour se mêler. Sir Charles Dilke s'étonnait qu'une poignée d'Espagnols eût réussi à implanter sa langue en Amérique dans un pays deux fois plus grand que l'Europe, tandis qu'il existe dans l'Inde de nombreux villages où l'on n'a jamais vu un Anglais et que la plupart des paysans hindous ne connaissent l'administration anglaise que par des policiers indigènes cruels et corrompus. Certes, la domination britannique, distante et hautaine, tient les indigènes à l'écart ; et elle pourrait moins les heurter pour de petites choses auxquelles ils se montrent sensibles. Mais, en fait, ce sont vraiment les deux civilisations qui demeurent impénétrables l'une à l'autre. Il suffit de quelques hommes, conscients de cette incompatibilité, pour les opposer l'une à l'autre ; il suffit qu'ils connaissent la force de leur peuple et que ce peuple ait confiance en eux.

Ce que ces hommes observent dans leur pays, c'est que, malgré l'appareil d'une puissante civilisation matérielle, la pauvreté règne toujours dans les masses populaires ; que les paysans s'endettent toujours ; que l'Inde paie chaque année un énorme tribut à la métropole ; que les récoltes ne mûrissent pas chaque année et qu'on meurt toujours de la famine ; alors que l'Inde exporte annuellement pour 45 millions de livres sterling de denrées alimentaires, plusieurs dizaines de millions de ses habitants sont encore au xxe siècle menacés par la disette. Ce que réclament les Hindous patriotes, c'est, en vertu même des idées occidentales qu'ils tiennent de leur éducation britannique, d'être associés au gouvernement de leur pays afin d'en gérer eux-mêmes les affaires et d'en défendre les intérêts. A plusieurs reprises, depuis 1861, de petites réformes avaient créé une ombre de représentation indigène, mais sans autorité pratique, ni responsabilité ; les indigènes n'étaient admis ni à exercer de hautes fonctions, ni à contrôler les fonctionnaires britanniques. Cette exclusion laissait la même amertume chez les Hindous que chez les Musulmans ; elle fit peu à peu l'union de tous les indigènes éclairés contre le régime britannique.

C'est à partir de 1905 que le mouvement

nationaliste dans l'Inde devint assez puissant pour inquiéter la Grande-Bretagne. Chose remarquable, l'esprit de révolte s'empara d'abord des provinces qu'on aurait pu considérer comme les moins impatientes du régime. Au mois d'octobre 1905, tout le Bengale, province historique, proteste contre la décision qui le divise en deux provinces au mépris de son antique unité ; on boycotte les marchandises britanniques ; on demande la fondation d'une université nationale du Bengale, indépendante du contrôle britannique, où la première place serait donnée aux langues indigènes, la seconde à l'anglais ; des journaux nationalistes fomentent l'esprit de résistance et exaltent la mémoire des héros des nationalismes européens, Cavour, Mazzini, Kossuth, Parnell ; le gouvernement de l'Inde croit barrer la route à l'esprit nouveau en interdisant l'enseignement de l'histoire de l'Europe moderne dans les universités indiennes. Mais le mouvement gagne de proche en proche ; des révoltes éclatent, suivies de rigoureuses répressions qui ne découragent pas les patriotes. On applaudit avec enthousiasme aux succès du Japon contre la Russie. On surveille la conduite de l'Europe partout où elle se trouve aux prises avec des races indigènes ; les guerres des nations chrétiennes de la Méditerranée contre les Turcs froissent les sentiments religieux des Musulmans ; fait décisif, elle gagnent aux idées nationalistes la minorité musulmane de l'Inde dans laquelle le gouvernement de l'Inde mettait tout son espoir ; jusqu'alors elle avait résisté au mouvement « swadeshi », reçu des subsides pour ses écoles, accepté des titres et des honneurs ; dès lors, on voit cet esprit changer et les Musulmans se rallier à l'idée nationale.

Avec la guerre surgit une occasion unique qui permit au sentiment indigène de se manifester librement. Des congrès se tinrent à Lucknow (décembre 1916), à Calcutta (décembre 1917), à Bombay (août-septembre 1918) où Musulmans et Hindous tombèrent d'accord pour demander le self government sous la direction et non sous la domination de l'Angleterre. « Seul le Self Government à l'intérieur de l'Empire peut satisfaire le peuple indien, lui permettre de prendre sa place de nation libre dans le Commonwealth britannique et de renforcer ainsi les liens entre la Grande-Bretagne et l'Inde. » On demande des droits égaux pour tous les sujets britanniques ; on réclame pour l'Inde l'autonomie financière ; on veut qu'elle soit traitée comme une grande puissance civilisée et non comme un champ d'exploitation par les Européens.

Enchaînée sur tant de points du monde par une lutte tragique, la Grande-Bretagne ne se méprit pas sur la gravité du moment ; elle se décida pour un régime qui doit graduellement faire de l'Inde l'égale des dominions britanniques. Le secrétaire d'État pour l'Inde partait pour étudier sur place le problème hindou de concert avec le vice-roi ; au début de juillet 1918, il publiait un rapport qui conseillait l'adoption d'un programme hardi d'autonomie pour l'Inde ; en décembre 1919, la Chambre des Communes votait en troisième lecture la réforme du gouvernement de l'Inde, c'est-à-dire le changement le plus important qui ait été accompli depuis la suppression de la Compagnie des Indes. La réforme ne touche pas au gouvernement central qui demeure toujours dans les mains du vice-roi et du Parlement impérial. Mais elle résout, dans le sens d'une véritable autonomie, le gouvernement des neuf provinces qui possèdent des assemblées. Un certain nombre de questions demeurent soustraites aux assemblées provinciales tant qu'elles n'auront pas acquis une pleine expérience des affaires. Mais on leur réserve certains départements où leur compétence et leur contrôle pourront s'exercer : taxation provinciale, administration rurale et urbaine, instruction publique, hygiène, travaux publics d'ordre secondaire ; ces affaires seront du ressort d'un ministère dont les membres devront être choisis par les élus de l'assemblée et posséder leur confiance. Si l'expérience réussit pour ces attributions limitées, on pourra aboutir au self-government complet. Ainsi mûrit et s'élabore la solution d'une Inde autonome.

Tandis que la Grande-Bretagne préparait dans la vie provinciale de l'Inde l'expérience d'un système représentatif qu'elle songe à étendre dans l'avenir à la vie nationale, des mouvements populaires éclataient, indices d'un esprit de révolte grandissant. Tous les indigènes, Hindous et Musulmans, marchent ensemble aujourd'hui. Au mois de décembre 1918, la Ligue musulmane de l'Inde protestait contre l'occupation de Jérusalem par l'armée britannique ; elle demandait que la ville fût restituée à une puissance musulmane. Au mois de mars 1919 la rébellion éclatait violemment dans le Pendjab ; les cultivateurs protestaient contre l'obligation où les mettait le gouvernement d'acheter leur eau d'irrigation ; à Amritsar et à Lahore, les émeutiers incendiaient des banques, des gares de chemin de fer, des stocks de vivres réunis en prévision de la famine. Ailleurs, dans la Présidence de Bombay, les indigènes cultivés encourageaient au début de 1918 les paysans à refuser l'impôt ; en raison du déficit de la récolte d'automne, les autorités britanniques avaient décidé de suspendre la levée de l'impôt partout où le rendement serait inférieur au quart du rendement d'une année normale ; la Ligue du « Home Rule » fit contester un peu partout les estimations administratives et conseiller aux villageois de déclarer une récolte inférieure au quart du rendement ordinaire. Sur ce terrain déjà bien préparé, des émeutes éclataient en mars 1919, solidaires des troubles du Pendjab et d'autres désordres à Calcutta.

On assiste dans l'Inde au lent travail qui prépare une solidarité nationale en face de la domination européenne. La sagesse britannique, qui s'aveugle rarement sur les faits, ne s'y trompe pas ; elle sait qu'il est temps d'agir, mais elle veut agir sans hâte afin de créer dans l'ordre. Ce qui caractérise la société hindoue, c'est le contraste entre une élite d'hommes d'étude, ardente, intellectuelle, inhabile encore aux affaires et une masse engourdie de plus de deux cents millions de paysans illettrés ; ces conditions sociales font penser à la société russe, Avant de confier les affaires aux uns et d'appeler les autres à contrôler ces affaires, il faut une pause, un stage de patience et d'évolution. Mais quelle que soit l'échéance de la pleine autonomie, le principe qui inspire le mouvement compromet l'avenir de la domination européenne ; car, en dirigeant leurs propres affaires, les Hindous travailleront dans l'intérêt de leur propre pays, et non dans l'intérêt de la Grande-Bretagne.

CHAPITRE VIII

ET LA FRANCE?

Le déplacement de fortune, qui affaiblit l'Europe au profit des nations jeunes d'Amérique et d'Asie, n'est pas un fait nouveau ; on le voit s'accomplir depuis que des foyers de haute civilisation grandissent aux États-Unis et au Japon ; il est fatal que des nations de 110 millions et de 50 millions d'hommes, outillées à la moderne, non seulement s'émancipent économiquement, mais encore poussent leur influence sur leur voisinage continental. Cette évolution dure déjà depuis un demi-siècle ; elle ne doit rien, dans ses origines, à la guerre ; mais la guerre l'a précipitée et consolidée.

A n'en pas douter, ce grand événement a surgi comme une crise dans l'économie européenne. Mais il importe qu'il demeure une crise d'hégémonie et ne devienne pas une crise d'existence. Nous ne pouvons pas faire que les usines américaines, avec leurs masses de fer et de charbon, ne soient pas les plus puissantes du monde; nous ne pouvons pas faire que l'archipel japonais ne soit pas plus proche que nous des côtes d'Extrême-Orient et des peuples de race jaune. Nous devons nous résigner à n'être plus partout les plus forts et les plus riches. Mais nous pouvons vivre sans la primauté universelle, à condition que cette nouvelle situation ne soit pas chez nous l'indice d'une crise de vitalité. Perdre le premier rang, ce n'est pas nécessairement être faible et pauvre; partager l'exploitation du monde avec les nouveaux venus, ce n'est pas forcément déchoir, à condition de conserver intactes sa volonté de travail et sa force de production.

Aussi le grand devoir sera d'intensifier le travail afin de produire davantage et mieux. Chaque pays de l'Europe comprendra cet effort de rénovation dans le sens de sa propre originalité; chacun adaptera son génie et sa force aux circonstances nouvelles. Laissons aux autres peuples le soin de chercher ce qui convient le mieux à leur propre pays. Mais essayons de voir ce que la France peut faire pour rester prospère. Dans quelles conditions faudra-t-il qu'elle exploite ses forces vivantes et matérielles, pour demeurer un membre puissant et riche de la communauté européenne? Ces conditions sont, à ce qu'il semble bien, celles mêmes qui doivent assurer le progrès matériel dans une société moderne : avoir beaucoup d'hommes; faire rendre le maximum à la terre; fabriquer à force de machines; étendre le commerce de mer; associer les colonies à l'effort national.

***

La plus grande richesse d'une nation, ce sont ses hommes. Nous ne demeurerons pas une nation riche si nous n'augmentons pas notre capital humain. Depuis longtemps la France n'a presque plus d'enfants. En 1911, dans 65 départements, le nombre des décès l'emportait sur celui des naissances. Il y a dans le Sud-Ouest un groupe de départements ruraux, Lot-et-Garonne, Gironde, Gers, Tarn-et-Garonne, Haute-Garonne, où le nombre moyen d'enfants pour 100 familles varie de 168 à 187 ; c'est à peine plus de trois enfants pour deux familles ; en Normandie, la proportion ne vaut guère mieux. C'est par les classes rurales que la France, nation de paysans, se dépeuple. Tant que la France a été une nation populeuse, elle produisait beaucoup, et de l'excédent de sa production, elle alimentait un grand commerce d'outre-mer ; aujourd'hui ses rivales la distancent de loin. Faute de bras, les champs et les usines rendent moins, relativement aux champs et aux usines de l'étranger.

La France doit faire appel aux étrangers pour recruter sa main-d'œuvre. En 1911, elle contenait 419 234 Italiens, 287 126 Belges, 105 760 Espagnols, 102 271 Allemands ; sans ouvriers étrangers, nous n'aurions pu, ni peupler nos usines du Nord, ni exploiter nos mines de fer de Lorraine, ni cultiver nos vignes du Midi. Tous nos départements frontières, comme par une sorte d'appel au vide, étaient peu à peu envahis par des étrangers ; il venait des Espagnols jusque dans le Gers et le Lot-et-Garonne. Chaque année, un flot de 40 000 ouvriers flamands se déversait sur la France du Nord pour faire les travaux des champs ; on en voyait même jusque dans le Cher, le Puy-de-Dôme et l'Isère. Quand ces ouvriers se fixent chez nous, comme c'est le cas pour les ouvriers belges dans le Nord et des fermiers belges en Normandie, on peut dire qu'ils enrichissent notre capital humain ; mais, en général, ils retournent chez eux, leur travail fini, emportant notre or.

En réduisant le nombre de leurs enfants, les paysans de France ont limité leurs ressources en main-d'œuvre. Il faudrait que le paysan considérât ses enfants, non comme une charge, mais comme une fortune. S'il est vrai que la restriction des naissances soit inspirée au paysan par la crainte d'avoir à partager son bien entre plusieurs enfants, il ne faut pas hésiter à porter la hache dans le droit successoral issu de la Révolution ; il ne faut pas, par peur d'émietter la propriété, sacrifier la famille et, avec elle, le travail de la terre et la fortune du pays.

Une véritable révolution, qui s'est accomplie dans nos campagnes pendant la guerre, va peut-être ramener les familles nombreuses au foyer des paysans. Cette révolution, provoquée par la hausse extraordinaire du prix des denrées alimentaires, consiste dans un développement de la propriété paysanne tel que notre histoire ne nous en présente pas de pareil pour une aussi courte période. Le cultivateur, qui a beaucoup gagné, épargne beaucoup; il place cette épargne en terre, car la terre est pour lui la seule richesse certaine, plus solide que tout papier et que tout métal, toujours présente, toujours visible, toujours féconde. Les droits perçus pour ventes d'immeubles, qui s'élevaient en 1913 à 183 210 000 francs et à 204 820 000 francs en 1918, ont brusquement monté en 1919 au total énorme de 538 300 000 francs; quand on cherche à commenter ce chiffre, on constate qu'il faut l'expliquer par l'énorme accroissement du nombre des actes de vente; c'est donc toute la classe paysanne, petits exploitants et petits propriétaires, qui se rue vers la terre et qui, pour la posséder, dépense peut-être en une seule année deux ou trois milliards de francs. Cultiver la terre est un labeur qui rend et qui paie. Pour l'accomplir et pour le multiplier, il faut des bras. Où trouver ces bras, dociles et rémunérateurs, si ce n'est dans une famille nombreuse ? Le calcul est simple et le paysan le fera.

*
* *

Pour faire produire davantage aux champs, il faudra développer le rôle de la machine dans le travail de la terre, et il faudra concentrer les terres en fermes compactes au lieu de les disperser en parcelles : deux révolutions auxquelles nous devons préparer notre économie rurale.

Le niveau de la richesse agricole est fonction du niveau de la technique. Il ne s'agit pas seulement d'employer la machine pour économiser la main-d'œuvre, mais encore pour intensifier le travail et multiplier le rendement. F. Delaisi exprime cette idée avec finesse quand il fait parler Teddy, le soldat américain : « Chez nous, dans le Kansas, il y a beaucoup plus de terres que chez vous et beaucoup moins d'hommes à proportion ; alors nous attelons quatre charrues à un tracteur automobile. Nous remplaçons les chevaux vivants par des chevaux-vapeurs, ajouta-t-il en riant ; ils coûtent moins cher à nourrir et vont beaucoup plus vite. Un seul cultivateur fait dans sa journée six fois plus de labeur que chez vous. Voyez-vous, le travail humain est précieux : il ne faut jamais faire faire par un homme ce qui peut être fait par une bête, ni par une bête ce qui peut être fait par une machine ». Ces idées ont fait leur chemin chez les fermiers britanniques ; tracteurs et machines se répandent, et la production des grains s'accroît dans l'île que l'herbe menaçait de couvrir tout entière. Chez nous, le progrès marche plus lentement, mais heureusement la motoculture semble avoir gagné sa cause.

Pour que la machine puisse travailler et qu'il vaille la peine de la déplacer, il faut de grands espaces, des champs étendus. Foin de ces champs en lanières, de ces lopins dispersés aux quatre coins de la commune ! Il faut les réunir, les regrouper partout où ce sera nécessaire : c'est le remembrement de la propriété rurale. Il s'agit de constituer des exploitations agricoles d'un seul tenant, dont les champs ne soient pas séparés les uns des autres par les champs d'une autre exploitation. A la vérité, cette contiguité et cette cohésion des terres existent dans certaines régions, soit pour les fermes de grande culture, soit pour les domaines en métayage ; mais elles manquent presque totalement dans les pays de propriétaires-cultivateurs et de petits fermiers de l'Est de la France, par exemple en Lorraine et en Franche-Comté. Dans ces pays le système de l'assolement triennal impose la répartition de toutes les terres arables de chaque commune en trois groupes, appelés « soles » ou « saisons », consacrés l'un au blé, l'autre à l'avoine, le troisième aux jachères ; chaque exploitation a donc forcément des terres dans chaque « saison » ; et, à l'intérieur de chaque « saison », elle a des parcelles disséminées. Cette dispersion des terres est un grave obstacle à la culture. Les champs étant presque tous enclavés, on ne peut y parvenir qu'en traversant les champs des autres ; chaque cultivateur est obligé de suivre aveuglément l'assolement adopté par les autres ; le morcellement impose de longs déplacements, des charrois onéreux ; il rend difficile l'usage des machines. Il faudrait un remembrement de la propriété rurale afin de constituer en blocs compacts ces bribes de terre dispersées. Que cette opération s'accomplisse par l'entente ou par l'obligation, elle sera une révolution agricole. Nous l'avons vue se faire en Grande-Bretagne, au cours de plusieurs siècles, sous le nom d' « enclosures » ; elle a constitué des fermes compactes, indépendantes, encloses, chaque fermier habitant sur ses terres ; ce fut non seulement un remembrement de la propriété, mais une redistribution géographique de la population, puisque, au lieu d'habiter des villages comme autrefois, les fermiers habitèrent des fermes isolées.

*
* *

Dans le domaine industriel, nous devons délibérément achever l'évolution du travail vers l'utilisation des forces naturelles ; la force des bras est condamnée ; elle doit céder la place à la machine.

Il est difficile d'admettre que la restauration des petites industries puisse avoir une grande portée économique. On peut regretter leur déclin qui a été une cause puissante d'exode rural. Mais les ateliers ruraux ne peuvent prétendre aux rendements des ateliers d'usine; on les voit s'éteindre à mesure que pénètre le progrès industriel; en bien des régions, la guerre leur a porté le dernier coup; vicaces encore en Russie, sérieusement menacés en France, ils ont depuis longtemps disparu en Grande-Bretagne.

L'avenir est à la production mécanique, en usine, à l'américaine ; il faut produire en masse, par séries. La méthode n'est pas nouvelle ; elle a fait la fortune de l'industrie cotonnière de Manchester. Mais les Américains l'ont poussée à fond. On subdivise la fabrication en de multiples opérations; on confie chaque opération aux mêmes ouvriers qui n'ont jamais à exécuter que celle-là ; on obtient une main-d'œuvre, incapable de toute autre opération, mais extrêmement habile dans sa spécialité et d'un énorme rendement. L'ouvrier connaît et commande si bien sa machine qu'il fait pour ainsi dire corps avec elle : d'un côté, la force brute ; de l'autre, la volonté intelligente. On est étonné, quand on visite certaines usines américaines, de n'y presque pas voir d'ouvriers ; on aperçoit surtout des machines, des métiers, des outils; c'est la matière, docile, qui travaille ici et qui agit; l'homme est là pour la guider. De cette méthode, nous appliquons déjà les principes : parmi les changements dus à la guerre, tout n'est pas à notre détriment; en nous outillant pour produire des munitions, nous avons adopté la manière américaine : « standardisation », pièces interchangeables, production en masse. En cela nous avons conquis une chance de progrès rapide dans notre manufacture.

La domestication de la matière dans l'usine sera d'autant plus parfaite que nous aurons su capter nos forces naturelles. Tout le monde sait que la France est, après la Scandinavie, le pays d'Europe le plus riche en force hydraulique; elle dispose d'environ dix millions de chevaux-vapeurs de houille blanche dont le dixième à peine travaille. Force inépuisable alors que le charbon s'épuise, la houille blanche nous épargnera les centaines de millions dont nous payons le charbon de l'étranger; par elle, nous électrifierons nos usines et nos chemins de fer; par elle, Paris recevra la force et la lumière des usines du Rhône; par elle nous compenserons l'infériorité de nos ressources en houille noire.

*
* *

On peut dire que, de nos jours, c'est la mer qui fait l'unité matérielle du monde ; elle est l'artère vitale de la circulation humaine.

Les peuples, que leur situation géographique tient éloignés de l'Océan, aspirent à s'en rapprocher afin de participer aux courants de vie générale ; la possession d'un débouché sur l'Adriatique est une nécessité pour la Serbie ; quand ils arrachèrent la Dobroudja à la Roumanie, les Empires Centraux la touchèrent dans ses œuvres vives en la privant de son port de Constandza. Que deviendrait la Grande-Russie si elle ne pouvait plus s'ouvrir vers le monde, ni par la Baltique, ni par la Mer Noire, ni par l'Océan Glacial ? En perdant la maîtrise des mers, le Portugal et l'Espagne ont perdu jadis les sources de leur fortune. De nos jours, tous les peuples riches et travailleurs veulent avoir une flotte parce que tout effort économique suppose des relations universelles et que les relations maritimes donnent la mesure des relations universelles.

Si la France ne veut pas déchoir, il lui faut retourner à la mer où jadis elle fut très puissante. Si elle oublie le chemin de la mer, elle se retire du monde. Sans doute tout n'est pas la faute des hommes dans l'affaiblissement de notre marine ; d'autres plus riches en fer et en charbon construisent les bateaux à meilleur marché ; d'autres aussi trouvent chez eux de lourdes cargaisons que la France, avec ses articles plus légers, ne peut fournir à ses navires. Mais cette infériorité ne suffit pas à expliquer pourquoi les trois quarts des marchandises entrant dans nos ports y arrivent sous pavillon étranger, ni pourquoi la petite Belgique, qui n'a qu'une faible flotte marchande, possède Anvers, le plus grand port du continent avec Hambourg.

La France est merveilleusement placée pour le commerce maritime ; elle s'ouvre vers trois mers ; son territoire semble n'être qu'un isthme entre des côtes rapprochées ; il apparaît même, pour certains pays de l'Europe Centrale, comme le plus court chemin vers l'Océan. Il nous appartient de mettre en valeur cette situation.

Il s'agit d'abord, avec ces mêmes capitaux que nous prodiguions jadis à la construction de ports étrangers, d'améliorer et d'approfondir nos grands ports de manière à les rendre accessibles aux plus gros tonnages. Il s'agit ensuite d'étendre nos relations maritimes en multipliant les lignes régulières qui prendront chez nous et chez les autres les marchandises à exporter et qui les transporteront vers leur destination, rapidement, à jour fixe, sans escales inutiles. Il s'agit enfin d'étendre nos relations continentales par l'aménagement de nos fleuves et de nos canaux, en songeant que la voie directe d'Amérique en Europe Centrale passe par la France. Le port de Paris n'est encore que le port d'une très grande ville ; il pourrait devenir le lieu de transit d'un trafic international ; par une liaison plus étroite avec la Manche, il participerait à cette circulation océanique dont le propre est de rattacher les réseaux de relations locales aux mouvements du monde. La guerre, en déplaçant les courants commerciaux, a même accru la valeur de la position géographique de la France ; car au moment où les grands ports européens de la Mer du Nord voient le trafic de l'Océan Atlantique menacé par le développement du trafic de l'Océan Pacifique et l'avantage des distances passer aux ports américains, il est nécessaire de constater que Marseille conserve pour les relations avec les ports de l'Extrême-Orient un avantage de distance très marqué sur Londres, Anvers ou Hambourg ; si notre grand port méditerranéen est doté d'une voie navigable vers le Nord, il doit devenir un centre de distribution de marchandises dans l'Ouest de l'Europe Centrale ; il reprendrait ainsi ce rôle d'entrepôt qui fut jadis un élément de sa fortune.

*
* *

Nos colonies forment une partie de notre patrimoine national. Pour la garder et l'enrichir, les vieilles méthodes d'exploitation ne suffiront pas. Nous ne devons pas nous dissimuler que des idées nouvelles fermentent dans l'esprit des indigènes. Dans presque tous les pays où l'Européen domine d'autres races, Égypte, Inde, Indo-Chine, Java, Afrique du Nord, une sorte de conscience nationale s'éveille qui veut établir, en face du droit des colons, le droit des indigènes ; il arrive même que cette conscience, vivace et impatiente, arme des révoltes. Dans notre Afrique du Nord qui nous envoya durant la guerre tant de légions de soldats et tant d'équipes d'ouvriers, on voit poindre le désir d'une plus juste répartition des charges ; notre politique y prépare un régime plus libéral pour les indigènes.

On semble comprendre que l'exploitation du pays ne doit plus se fonder sur la force, mais sur le droit ; c'est un devoir de stricte justice, dans un pays dont ils forment presque toute la population, d'appliquer aux indigènes un traitement équitable, car ils sont par excellence les producteurs de richesse. Ce n'est pas notre intérêt de les maintenir dans un état d'infériorité économique ; d'abord il vaut mieux les en affranchir de bon gré que d'y être contraints ; ensuite il vaut mieux les rendre capables, en faisant leur éducation professionnelle et en améliorant leur niveau de vie, de produire plus de denrées qu'ils nous vendront et de consommer plus d'articles qu'ils nous achèteront. Il faut rattacher plus étroitement les colonies à l'économie nationale en élevant les indigènes, dans le cadre même de leurs habitudes morales et sociales, à un degré de civilisation économique qui fasse d'eux des collaborateurs, des compatriotes et non plus des sujets.

Telle est l'œuvre économique qui, en dehors de la tâche urgente et sacrée que réclame la restauration de nos régions dévastées, s'impose à notre pays. Si nous y réussissons, nous aurons montré pour la France que tout n'est pas fatal dans le déclin de l'Europe et que nous avons conservé quelque liberté contre le déterminisme, contre le destin.

CONCLUSION

Se passer de l'Europe dans l'économie nationale et la remplacer dans l'économie des autres peuples, telle est la tendance des grands pays qui visent à la supplanter dans son rôle universel. New-York possède un marché de capitaux qui menace la suprématie de Londres ; sur cette place américaine viennent se régler des comptes internationaux qui échappent à l'attraction britannique. Bateaux américains et bateaux japonais parcourent en haute mer les grandes routes que longtemps fréquentèrent seules les flottes européennes ; l'Océan Pacifique, longtemps excentrique par rapport aux grands foyers commerciaux, puis appelé à la vie générale par les navigateurs et les marchands de l'Europe, s'éveille à une vie indépendante ; ses deux rives qui depuis un siècle s'orientaient l'une vers l'Occident, l'autre vers l'Orient, se retournent l'une vers l'autre et deviennent les façades d'une nouvelle Méditerranée. Des centres industriels à grand rendement se sont fondés et développés aux États-Unis et au Japon ; d'autres inaugurent leur carrière ; il en sort des cargaisons et des pacotilles qui vont se distribuer sur des marchés que l'Europe fournissait jusqu'alors ; il y arrive des masses de matières premières qui viennent nourrir les usines nationales et n'iront plus vers les manufactures européennes. Un peu partout sur le globe, on voit des peuples qui avaient reçu de l'Europe les courants de la vie générale se détourner progressivement de cette source antique et s'orienter vers d'autres foyers de civilisation.

L'unité de la terre s'était réalisée sur un plan européen ; plusieurs plans qui s'ébauchent vont dissocier cette œuvre ; certaines parties de la terre s'uniront sur un plan américain, d'autres sur un plan japonais ; il n'y aura plus unité, mais pluralité d'influences. C'est le démembrement de l'empire de l'Europe, de cet empire dont l'exploitation avait fondé sa fortune.

Cette révolution économique était devenue inévitable bien avant la guerre, depuis le jour où ce que l'Europe avait donné aux autres pays de son propre esprit et de sa propre chair ne lui appartenait plus en propre. En fait, tout ce qui constituait sa supériorité, moyens d'exploiter le capital superficiel et souterrain de l'humanité, moyens de produire la richesse, moyens de la transporter et de la faire circuler, tout s'est vulgarisé, diffusé à travers le monde. La science qui a fourni l'arsenal des conquêtes humaines sur la nature n'est plus l'apanage de l'Europe ; elle l'a enseignée et propagée. « Cette denrée (le savoir), dit M. P. Valéry[1], se préparera sous des formes de plus en plus maniables ou comestibles ; elle se distribuera à une clientèle de plus en plus nombreuse ; elle deviendra chose de commerce, chose qui s'exporte, chose enfin qui s'imite et se produit un peu partout. »

Civilisation matérielle, méthodes de travail, tout se répand, se transmet, s'égalise par le monde ; dans cette œuvre de diffusion, il s'ac-

1. P. Valéry, La crise de l'esprit. *La Nouvelle Revue française*, 1er août 1919, p. 335.

complit une division du travail; le partage se fait entre l'Europe, l'Amérique du Nord et l'Archipel japonais, entre deux groupes de race blanche et un groupe de race jaune. Il existe maintenant plusieurs foyers de haute humanité au lieu d'un. Depuis les grandes découvertes, le monde s'était européanisé ; sous l'influence de continents et de peuples plus jeunes dans le progrès, il tend à se régionaliser. Il se prépare un nouveau classement des régions de la terre où l'Europe ne tiendra plus seule la tête. C'est une rupture d'équilibre qui s'accomplit au détriment de l'Europe.

Est-ce à dire que l'Europe ait fini son règne? Est-ce à dire que, suivant l'originale expression de M. P. Valéry, elle « déviendra ce qu'elle est en réalité, c'est-à-dire un petit cap du continent asiatique »? Pour cela, il faudrait qu'elle fût réduite à ne plus compter que proportionnellement à sa superficie. Or, l'espace n'est pas la mesure de la grandeur des peuples. Cette grandeur se fonde encore sur le nombre des hommes, sur leur état de civilisation, sur leur progrès mental, sur leurs aptitudes à dominer la nature ; il s'agit ici plutôt de valeur que de grandeur.

C'est pourquoi l'on peut dire que, si l'Europe n'occupe plus le même rang dans l'échelle des grandeurs, elle doit à sa forte originalité de conserver une place toute personnelle dans l'échelle des valeurs.

Spotted something that isn't quite right?

Let us know and we'll fix it for future reprints. And as a thank you for your diligence, we'll send you a free Sothis book of your choice.

publisher@sothis.press

This page intentionally left blank

Except of course for that line above. And this one.
And whilst we have your attention, perhaps you'd
like to follow us on Instagram @sothis.press. Go on.

Made in the USA
Monee, IL
25 January 2026

42362345R00184